プロの添乗員と行く

スペイン 世界遺産と歴史の旅

増補改訂版

武村 陽子

トレド・カテドラル

展望台から見たトレドの全景

コメルシオ通り

ソコドベール広場とソコトレン③

ビサグラの門

トレド大聖堂

聖歌隊席のマリア像

主祭壇

西口入口のステンドグラス

3

トレド

聖具室

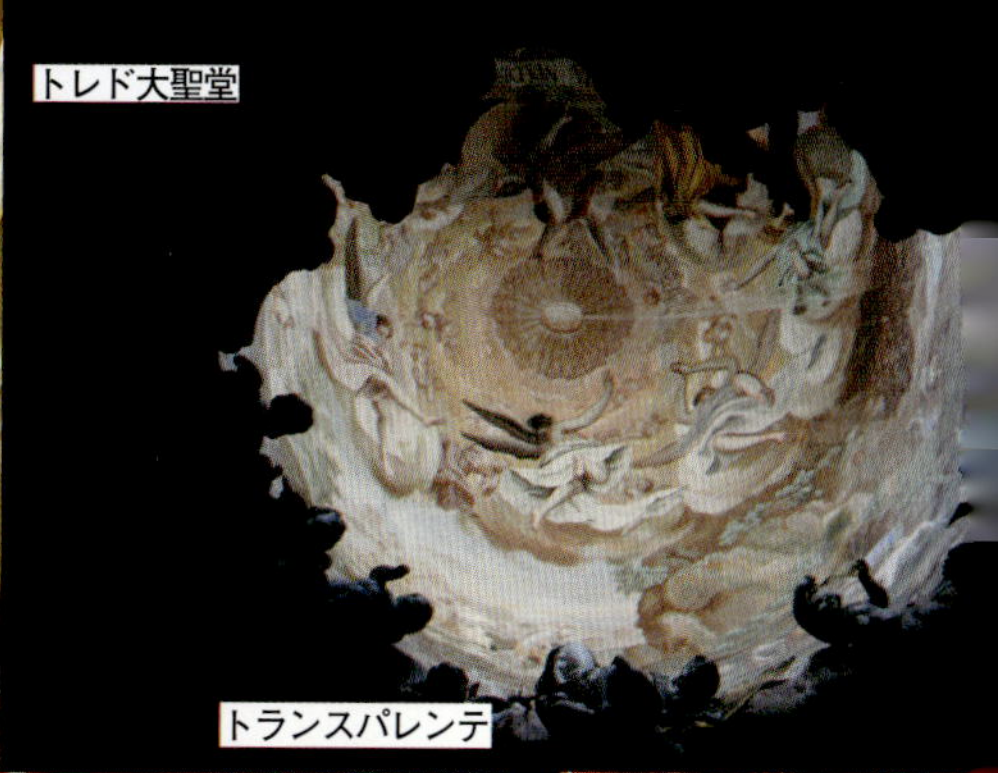
トレド大聖堂
トランスパレンテ

エル・グレコの家⑤

宝物室

クストディア③

サン・マルティン橋

オルガス伯爵の埋葬

クエンカ

つり橋と断崖の上の町

クエンカ大聖堂⑧

オリエンテ広場に立つフェリペ４世の騎馬像と王宮

ソル広場③

スペイン広場

サン・ミゲル市場⑤

マヨール広場とフェリペ３世騎馬像④

マドリード

プラド美術館個人入口

サン・ヘロニモ教会

プラド美術館団体入口

ＡＶＥが発着するアトーチャ駅構内

ソフィア王妃芸術センター入口

アランフェス

王宮

エル・エスコリアル

図書館

上から見たセゴビア水道橋

下から見たセゴビア水道橋

市庁舎

サンマルティン教会

セゴビア

カテドラル

ガレー船の間

アルカーサル正面

北側から見上げたアルカーサル

アルカーサル窓の外の景色

アビラ

クアトロ・ポステス⑦

城壁に囲まれたアビラ

サラマンカ

新カテドラル②

サラマンカ大学

夜のマヨール広場④

貝の家③

ブルゴス

パパモスカス⑦

元帥の礼拝堂⑥

ブルゴス大聖堂

レオン

サン・イシドロ教会⑨

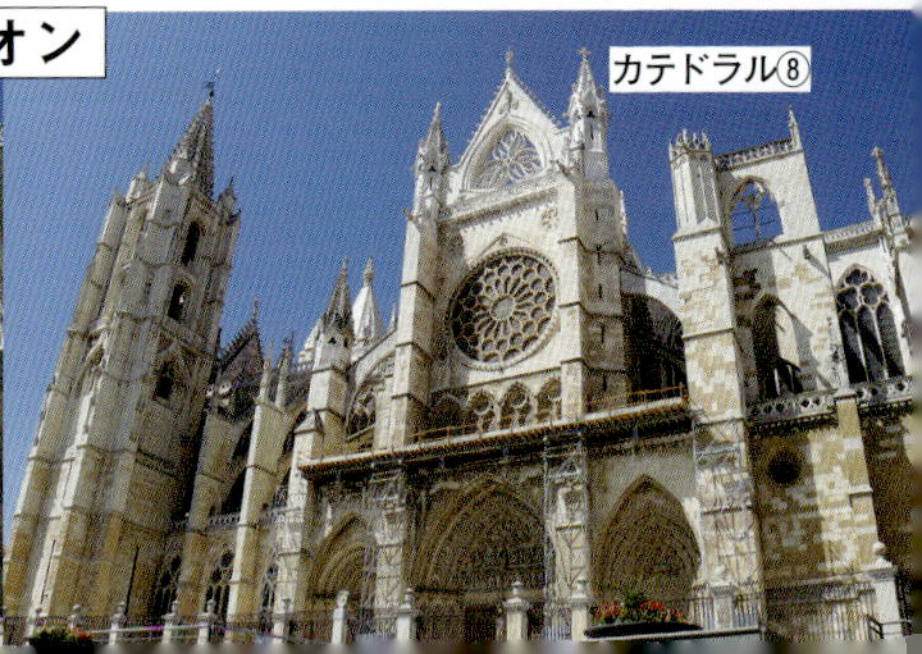
カテドラル⑧

ビルバオ

グッゲンハイム美術館

ビスカヤ橋

サン・セバスチャン

バル通り

モンテ・イゲルドからの眺め

サンティアゴ・デ・コンポステーラ

サンティアゴ・デ・コンポステーラ大聖堂

モンテ・ド・ゴゾ（歓喜の丘）

ボタフメイロ

グアダルキビル川に架かるローマ橋、対岸にメスキータ

カラオーラの塔

ローマ橋を渡る

免罪の門

アルミナル（ミナレット）

コルドバ

8世紀アブドアルラマン１世によるメスキータ

メスキータ入口

ローマ時代のモザイク

囲みの中にローマ時代の遺跡がある

カテドラル袖廊

カテドラル聖歌隊席

聖歌隊の椅子

カテドラルの主祭壇

コルドバ

10世紀アルハカム２世による拡張部分

９世紀
アブドアルラマン２世による拡張部分とアラバスターの柱

ミヒラブ手前のマクスラ④

ミヒラブ

10世紀、アルマンソールによる拡張部分

宝物室⑤

塞がれた壁の扉⑨

メスキータ内の礼拝堂⑧

柱を作った石工のサイン⑦

コルドバ

ユダヤ人街

花の小路

パティオ

パティオ・コンクール⑤

アベロエスの像⑨

眼科医ガフェキの胸像⑧

マイモニデスの像

イベロ・アメリカ博のスペインパビリオンだったスペイン広場

コルドバのベンチ

カスティーリャの橋

４つの橋と各県のベンチがある

サンタ・クルス街⑦

コロンブスの塔

⑥台座の 1492

アラブ時代の水道管

サンタ・クルス街の細い通り

セビーリャ

アルカーサル

カサ・デ・コントラタシオン②

アルカーサルのライオンの門

乙女の中庭

ペドロ１世の宮殿

メルクリウスの池⑥

大使の間

カテドラルとインディアス古文書館（左）

人形の中庭⑦

ヒラルダの塔から見たアルカーサル①

聖アントニオの絵

黄金に輝く主祭壇

カテドラル内部

黄金の塔⑦

コロンブスの棺を担ぐ４王

右の王がザクロを突き刺している

17 **ロンダ**

アラメダ・タホ公園

闘牛士ペドロ・ロメーロの像

メルセー修道院①

ヌエボ橋

公園の先は 170 m の断崖絶壁

ヌエボ橋からビエホ橋を望む⑥

闘牛場⑤

旧市街⑧

パラドール前のスペイン広場⑦

洞窟教会②

サンセバスチャン通り

展望台から見える
フエンヒローラの町③

ミハスの闘牛場

ロバのタクシー④

ガラピニャーダ売りの屋台⑤

グラナダ

アルハンブラ宮殿

サンタ・マリア教会②

車輪の門から城内に入る①

カルロス５世宮殿内部

カルロス５世宮殿

床にザクロのモザイク

ナスル宮殿への入口

アルカサーバ

メスアールの中庭⑩

ミヒラブ⑨

メスアールの間⑧

大使の間②

大使の間の天井③

大使の間から見たアラヤネスの中庭

アラヤネスの中庭、正面はコマーレスの塔

壁の模様④

グラナダ

アルハンブラ宮殿

ライオンの中庭回廊の装飾

ライオンの中庭

アベンセラヘスの間の天井

王の間の天井

二姉妹の間の望楼

二姉妹の間⑤

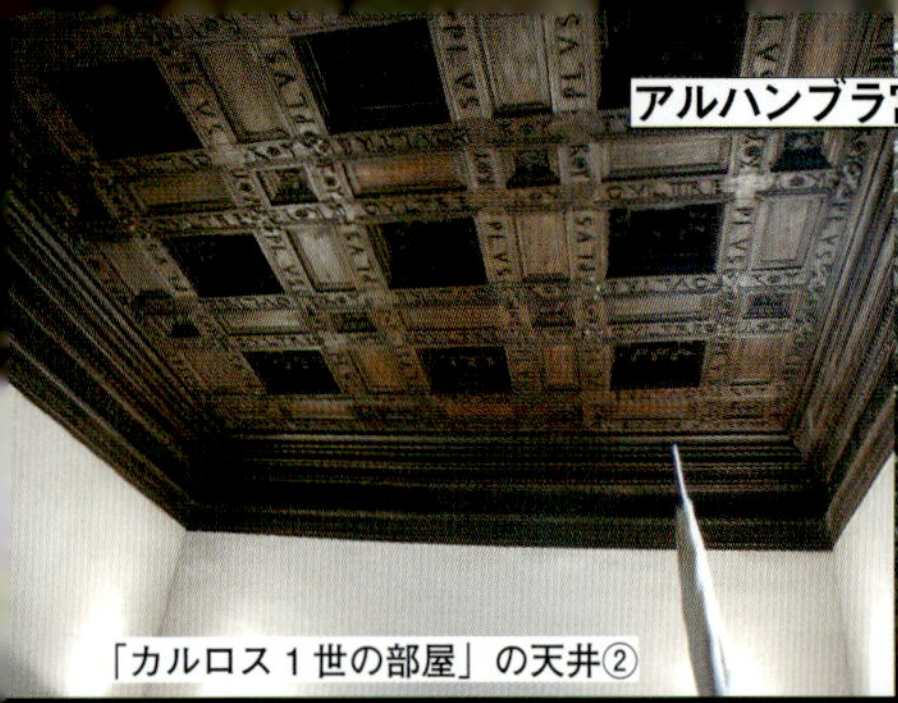
「カルロス１世の部屋」の天井②

「王の浴室」の屋根が見える

ワシントン・アービングの部屋の窓

ワシントン・アービングの部屋

バルコニーから見るアルバイシン地区とサクロモンテの丘

グラナダ

パルタルの庭園と貴婦人の塔②

リンダラハの中庭①

ヘネラリーフェ

ヘネラリーフェへの途中にある庭園

ヘネラリーフェへの途中の野外劇場④

アセキアの庭

カテドラル①

王室礼拝堂③

カテドラルの内部

洞窟フラメンコ

洞窟フラメンコのタブラオ「Cueva de la Rocio」

サグラダファミリア

公園の池の対岸から撮ったサグラダファミリア①

生誕のファサードの外尾氏が彫った像②

内部のステンドグラス

礼拝堂

受難のファサード④

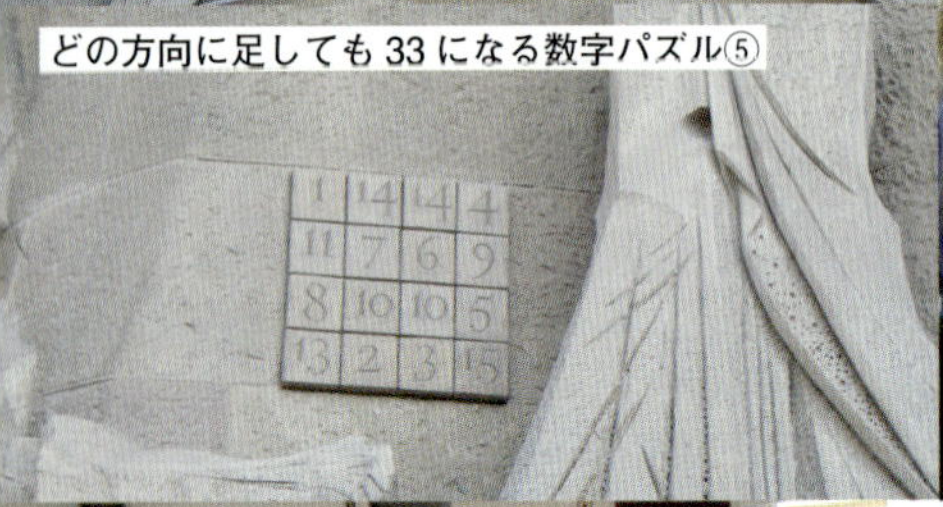

どの方向に足しても 33 になる数字パズル⑤

エレベーター

子弟の学校として建てられた建物⑥

グエル公園

公園の地図、黄緑のところが有料エリア

公園東側のバス停、ツアーバスもこの近くに停まる

ガウディの家④

遊歩道を支えるユニークな橋③

広場と下にある市場の柱

有料エリアへの入口（チケット確認）

本来の公園正門

広場下の市場

屋根裏のガウディ関連資料室③

内部の吹き抜け②

20 世紀初頭のブルジョアの暮らしを再現した部屋⑤

カサ・ミラ屋上

バルセロナ

2階

エレベーター

カサ・バトリョ屋上

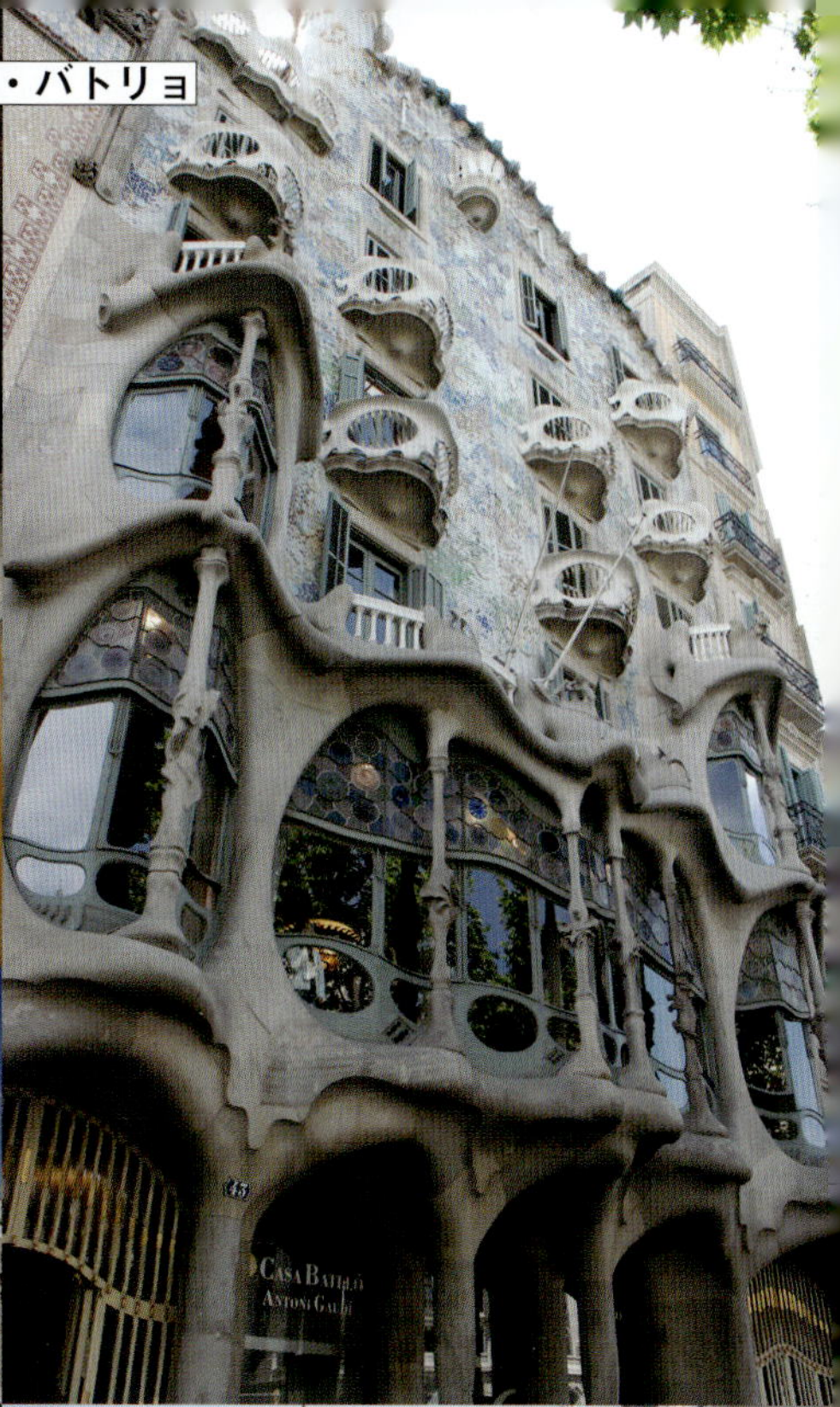

カサ・バトリョ

グラシア通り

カサ・アマトリェール

カサ・リェオ・モレラ

カタルーニャ広場

(デパート) エル コルテ イングレス

カタルーニャ音楽堂

ガイドツアーはカフェのある側で受付①

内部ホール

正門側③

ゴシック地区

王の広場⑥

カテドラル

4 Gats ⑧

ピカソ美術館

バルセロナ

大道芸人

ランブラス通り
ミロのモザイク①

サン・ジュセップ市場入口④

リセウ大劇場③

サン・ジュセップ市場内部

グエル邸⑤

グエル邸屋上

グエル邸内部

バルセロナ

コロンブスの塔②

海岸地区のレストラン

モンセラット

黒いマリア像

修道院内部

修道院前

タラゴナ

ラス・ファレラス水道橋

円形闘技場

バレンシア

ラ・ロンハ内部

ラ・ロンハ・デ・ラ・セダ

ビスケー湾
アルタミラの洞窟
フランス
ア・コルーニャ
オビエド
ビルバオ
サン・セバスチャン
ガリシア
ルーゴ
アストゥリアス
カンタブリア
ゲルニカ
ピレネー山脈
サンティアゴ・デ・コンポステーラ
バスク
ナバラ
アンドラ
レオン
ブルゴス
ビーゴ
ラ・リオハ
カタルーニャ
バリャドリード
モンセラット
大西洋
サラゴサ
バルセロナ
カスティーリャ・レオン
タラゴナ
サラマンカ
アラゴン
ポルト
セゴビア
アビラ
マドリード
エル・エスコリアル
マドリード
アルカラ・デ・エナーレス
メノルカ
ポルトガル
アランフェス
クエンカ
バレンシア
マヨルカ
タホ川
トレド
エストゥレマドゥーラ
コンスエグラ
カンポ・デ・クリプターナ
イビサ島
リスボン
バレンシア
メリダ
カスティーリャ・ラマンチャ
バレアレス諸島
アリカンテ
コルドバ
ムルシア
地中海
グアダルキビル川
アンダルシア
パロス
セビーリャ
グラナダ
ロンダ
ミハス
マラガ
アルヘシラス
アルメリア
トレモリーノス
カディス
マルベーリャ
コスタデルソル
ジブラルタル海峡
ジブラルタル
セウタ
アルジェリア
メリーリャ
フェズ
モロッコ
マラケシュ
スペイン
大西洋
地中海
カナリア諸島
アフリカ大陸

はじめに

このたびは、「スペイン世界遺産と歴史の旅」にご参加いただきありがとうございます。

２００７年に初版が発行されたときには38か所だったスペインの世界遺産も、今では48（うち文化遺産は42）にまで増えました。これから、スペインの文化遺産を一緒に旅して回りましょう。

添乗員として初めてスペインを訪れてから20年が過ぎ、70回ほどスペインを訪れましたが、何度訪れても、たとえ同じ町を訪れても、全く飽きることはありません。いつもスペインツアーの仕事が入るとわくわくします。

初版、改訂版ではバルセロナから観光をスタートしましたが、今回はルートをガラッと変えて、マドリードからのスタートとなり、旅の最後にバルセロナへと行くことにしました。

マドリードの後は、旧市街が世界遺産となっているトレドを訪れ、旧市街の散策やエル・グレコの絵画の世界を楽しんでいただきます。

その後はローマ時代の水道橋が残るセゴビアをはじめ、カスティーリャ・レオン州から北スペインへと向かいます。城壁で囲まれた町アビラや大学都市サラマンカ、大聖堂の美しいブルゴスを巡り、国土回復運動が始まったアストゥリアス王国の首都オビエドや、巡礼地サンティアゴ・デ・コンポステーラ、一番歴史の古い世界遺産アルタミラの洞窟、そしてバスク地方ではビルバオや、グルメで名高いサン・セバスチャンを訪れます。

その後、南スペインのアンダルシア地方へと行きます。イスラム教徒の支配が長かったアンダルシアでは、コルドバのメスキータ（モスク）やグラナダのアルハンブラ宮殿などイスラム教徒が残した建築物に出会えます。

最後に、バルセロナを訪れ、サグラダファミリアやグエル公園をはじめとするガウディの建築物に触れ、また自由行動では、旧市街の散策やバール巡りも楽しんでいただきたいと思います。

バルセロナのサグラダファミリアを初めて訪れた時には、内部は工事現場となっていましたが、すでに教会としてのスタートを切り、教会内部の美しいステンドグラスを見学することができるようになりました。

本書では、日本のツアーがよく訪れる22の世界遺産を紹介しています。

また、これらの地方を巡りながら、その途中にある、世界遺産ではないけれどよく訪れるいくつかの町も紹介していきます。

スペイン旅行が初めての方も、何度も訪れた方も、また実際にはスペインに行かないけれど行ったつもりになりたい方も、本書が皆様のお役に立つなら著者としてこの上ない喜びです。

それでは、¡Buen《ブエン》 viaje《ビアヘ》!（良いご旅行を！）

マドリード

この章で紹介する世界遺産
・エル・エスコリアル修道院とその遺跡（１９８４）
・アルカラ・デ・エナレスの大学と歴史地区（１９９８）
・アランフエスの文化的景観（２００１）

マドリード・プラド美術館入口前のゴヤの像

関西空港を午前11時に飛び立ったフィンエアー（フィンランド航空）78便は、10時間ほどの飛行を終え、ヘルシンキの空港に到着。ヘルシンキで手荷物検査と入国審査を受けた後、マドリード・バラハス空港への便に乗り継ぎ、4時間半ほどのフライトの後、夜の8時半ごろ、マドリードに到着した。

成田空港からはイベリア航空のマドリード直行便が飛んでいる。ただ、一般的な添乗員付きのツアーで直行便を利用することは少ない。大抵、ヘルシンキ、アムステルダム、フランクフルト、ミュンヘン、パリなど北ヨーロッパの空港を経由していくことが多い。

日本との時差の関係で（スペインは日本よりマイナス8時間、サマータイム期間はマイナス7時間）ちょうどヨーロッパで乗継するころに眠くなる。乗り継いでから4時間以上あるフィンエアー便はよく眠れて、到着した時は比較的体が楽だった。

入国審査はヘルシンキで済※ませたので、荷物を引き取って税関を出ると、マドリード在住の日本人アシスタントが出迎えに来てくれていた。翌日からのマドリード市内観光とトレドの観光にもガイドとして同行してくれるとのことだ。

今回のツアーでは、マドリード（Madrid）で3泊し、トレドやセゴビアも訪問する。

※フィンランド、スペインともシェンゲン協定加盟国

マドリード

マドリード市内観光

（王宮）

ホテルでガイドを同行してバスで出発した。

「ブエノス・ディアス（Buenos días：おはようございます）」

昨日空港に迎えに来てくれた日本人ガイドと一緒にスペイン人ガイドも乗ってきた。スペインではライセンスを持ったガイドが必ず観光に同行しなければならない。ライセンスガイドが日本語を話す場合はその人が直接案内することができるが、そうでない場合は日本人ガイドが通訳という形で、日本語で案内することになる。今回は、添乗員付きのツアーでありながら、ガイドが2人も付いているということである。

最初に、王宮前のオリエンテ広場で下車し、写真ストップとなった。広場には、フェリペ4世の騎馬像がある。※日本人ガイドが説明してくれた。

「マドリードの王宮は、１７５５年にブルボン家最初の王様フェリペ5世によって建てられました。もともとこの場所には、フェリペ2世が使っていた古い城があったのですが、１７３４年に火事で全焼してしまい、再建されました。その後、フェリペ5世の息子で後のスペイン王カルロス3世によって増築されました。この宮殿に最後に住んだのは、現在の王様フェリペ6世のひいおじいさん、アルフォンソ13世です。彼は１９３１年に退位し、その後、スペイン市民戦争の第二共和政時代の１９３６年から首相、大統領であったマヌエル・アサーニャが、ここを住まいとしました」

※本書では、現地ガイドと日本人ガイド2名同行の場合、単に「ガイド」と表記したときは日本人ガイドのことを表す。

オリエンテ広場から見た王宮（右はフェリペ４世騎馬像）

アサーニャは、かつてアルフォンソ13世の母マリア・クリスティーナが使用していた部屋を使った。フランコ率いる反乱軍が勝利し、第二共和政が敗北すると、アサーニャはフランスへ亡命、そこで亡くなった。アサーニャの時代は「国立宮殿」と呼ばれた。王室礼拝堂の横には、「アサーニャの書斎」と呼ばれる部屋がある。

「現在、スペイン王族はここではなく主にマドリード郊外のサルスエラ宮殿にお住まいです。この王宮はスペイン政府の持ち物で、国の行事で使用する以外は、博物館として内部を見学できます」

今回は写真ストップで外から建物を見るだけだったが、もしマドリードでフリータイムがあれば、一番おすすめの見学場所なので、もう少し補足説明しておきたい。

王宮の広さは13万5000平方メートルで、3418もの部屋がある。その一部が公開されている。これは、イギリスのバッキンガム宮殿やフランスのベルサイユ宮殿のほぼ2倍の大きさである。

1階には、王立図書館や王立武具博物館、古文書館、台所などがあり、2階には豪華絢爛な部屋が並ぶ。1階から2階への階段も大変豪華で壁や天井はフレスコ画で飾られている。2階の部屋は、護衛の間、列柱の間に続き、ガスパリーニの部屋は、カルロス3世の時代のイタリア人建築家マティアス・ガスパリーニによるロココ調の部屋である。天井からぶら下がるランプもきらめくようで、床には大理石が使われている。煙突の上の時計は、18世紀の流行の衣装を着けた人形が毎時踊りだし、座っている羊飼いがフルートを奏でる。

磁器の間は、部屋中が陶磁器で飾られている大変贅沢な作りの部屋で、長い間ナポリの王であったカルロス3世により、ナポリ郊外のポルティチ宮殿を手本に後期バロック様式で建築されている。

鏡の部屋は、ネオ・クラシック様式で、カルロス4世の王妃、マリア・ルイサ王妃の化粧室として使われた。ピンクの大理石がベースとなり、壁の白と青の漆喰装飾が美しい。カルロス4世と王妃については、この後のプラド美術館でも詳しく説明する。

玉座の間は、壁のタペストリーも床の絨毯も赤い色で統一されている。タペストリーはベルベットで、銀の糸で刺繍が施されている。ティエポロによる天井画（フレスコ画）も忘れずに見たい。「スペイン君主国の偉大さと権力」が絵のテーマとなっている。

王妃マリア・ルイサの部屋やカルロス4世の部屋などには、美術館並みの絵画もある。たとえば、カルロス4世の部屋には、ゴヤによる「イノシシ狩り」の絵があり、王妃の旧部屋（18世紀、カルロス3世の王妃イサベル・デ・ファルネシオが住んだ）の控室には、ゴヤによる「狩り姿のカルロス4世」、王子ドン・ルイスの部屋には、カラヴァッジョによる「洗礼者ヨハネの首を持つサロメ」の生々しい絵もある。他にも、王室礼拝堂、王冠の間、王室薬剤局もある。見逃せないのは宝物のコレクションで、ストラディバリウスのバイオリンが置いてある。

（スペイン広場からグランビア通りへ）

王宮で写真を撮った後、バスはスペイン広場※へと向かった。スペイン広場は、周辺に高層ビルがそびえる公園だが、公園中央にセルバンテスのモ

スペイン広場

※スペイン広場は2019年9月現在、修復工事のため閉鎖中。2020年末までには工事完了予定とのこと。

※4頁③→カラーページ4頁の③画像

ニュメントがあり、その前に、馬に乗ったドンキホーテとロバに乗ったサンチョパンサの像がある。

「これからマドリードの銀座通りといわれる目抜き通り、グランビア通り（Gran Vía）を通ります。グランビアのグランは大きい、ビアは通りという意味です。通りの両側にはレストラン、バールなど、食事をするところがたくさんあります。スペインの夕食時間は遅いです。レストランは8時にならないとオープンしないところもたくさんあります。でも、バールはずっと開いているのでお勧めです。バールで食事をするときは、テーブル席よりカウンターの方が安いです。スペイン語が分からなくても、ガラスケースにある料理を指さして、日本語で『これください』と言えば、意外と通じますよ。一皿分がそれほど大きくないので、いろんな種類の料理を食べられます」

　昼食時間も2時から3時ごろに摂ることが多いので、レストランもその時間が混んでおり、オープンは1時からという店が多い。日本とは2時間の時差がある。バールでは、タパス（おつまみ）が、日本のお寿司屋さんのようなガラスケースに並んでいて、好きなものを指さして注文できる。一皿が少量なので、いろんな種類のものを食べたい人に向いている。

　グランビア通りの中ほどには、カジャオ広場(Plaza del Callao)があり、デパートや多くのレストラン、商店が集中して多くの人で賑わっている。

　カジャオ広場を南へ下ると、太陽の門[4頁③]（ソル広場）（Puerta del Sol）やマヨール広場にいける。どちらも町の中心なので、写真を撮るためにバスを停めるのは難しい。フリータイムのとき、ゆっくり散策してほしい。

マヨール広場[4頁④]（Plaza Mayor）の中央には広場を造ったフェリペ3世の騎馬像がある。

マヨール広場のそばにはサン・ミゲル市場[4頁⑤]がある。かつては住民のための市場であったが、スーパーマーケットの進出により市場としての役割を終え、現在はさまざまなスペイン料理が味わえる屋内バール市場となっている。


バスが、グランビア通りをプラド美術館に向かって進んでいると、ガイドが説明を始めた。

「スペインの地図を見ると、マドリードはちょうど真ん中にあります。スペインのあるイベリア半島は海に囲まれていますが、実はものすごい山国でもあります。マドリードは内陸にあり、標高は655メートルもあります。これは、スイスの首都ベルンより高く、ヨーロッパで一番標高の高い首都なのです。人口は300万人を超えています。16世紀にフェリペ2世という王様によってトレドからマドリードへ首都が移されました」

その後、17、18世紀にかけて首都として発展した。

「それでは早速ですが、もうすぐプラド美術館に到着します。美術館には、リュックや大きすぎる荷物の持ち込みはできません。大きな荷物はバスに残しておいてください」


（サン・ヘロニモ教会と天正遣欧少年使節団）

プラド美術館の団体用入口の近くでバスを下車した。すぐ前に教会が見える。

サン・ヘロニモ・エル・レアル教会

「この教会は、サン・ヘロニモ・エル・レアル教会（San Jerónimo el Real）といいます。16世紀の初めに建てられました、歴代のスペイン国王の戴冠式が行われていました。日本からスペインを訪れた天正遣欧少年使節団は、ここで当時の国王フェリペ2世に謁見しています。プラド美術館を見学した後、少し自由時間を取ります。集合場所はこの教会の前にしますので、中を見学してください」

豊臣秀吉の天下であった天正時代、4人の天正遣欧少年使節団が日本からヨーロッパに派遣された。4人の名前は、伊東マンショ、千々石《ちぢわ》ミゲル、中浦ジュリアン、原マルチノ。天正10年（1582年）に、長崎を出発して、1584年8月10日リスボンに到着、同年11月にマドリードでフェリペ2世に謁見し、後述するエル・エスコリアルで3日間寝泊まりした。当時、15、16歳くらいだったといえる。

また、日本とのつながりといえば、17世紀の初め、伊達政宗が派遣した支倉常長《はせくらつねなが》と慶長遣欧使節団がスペイン国王フェリペ3世（フェリペ2世の息子）とローマ法王に謁見した。スペインを訪れたとき、セビーリャ近郊のコリア・デル・リオに長期の滞在をした。いまでも、その地にはハポン（スペイン語で日本、日本人という意味で使われた）という姓を持つ人が多く暮らしており、帰国せずにスペインに留まった人たちの子孫（つまりサムライの子孫）ではないかといわれている。

※天正遣欧少年使節団がインドのゴア経由で喜望峰を回ったのに対して、慶長遣欧使節団は、メキシコ経由で太平洋と大西洋を横断した。

プラド美術館

プラド美術館が開館したのは1819年のことである。美術館の建物は、1785年

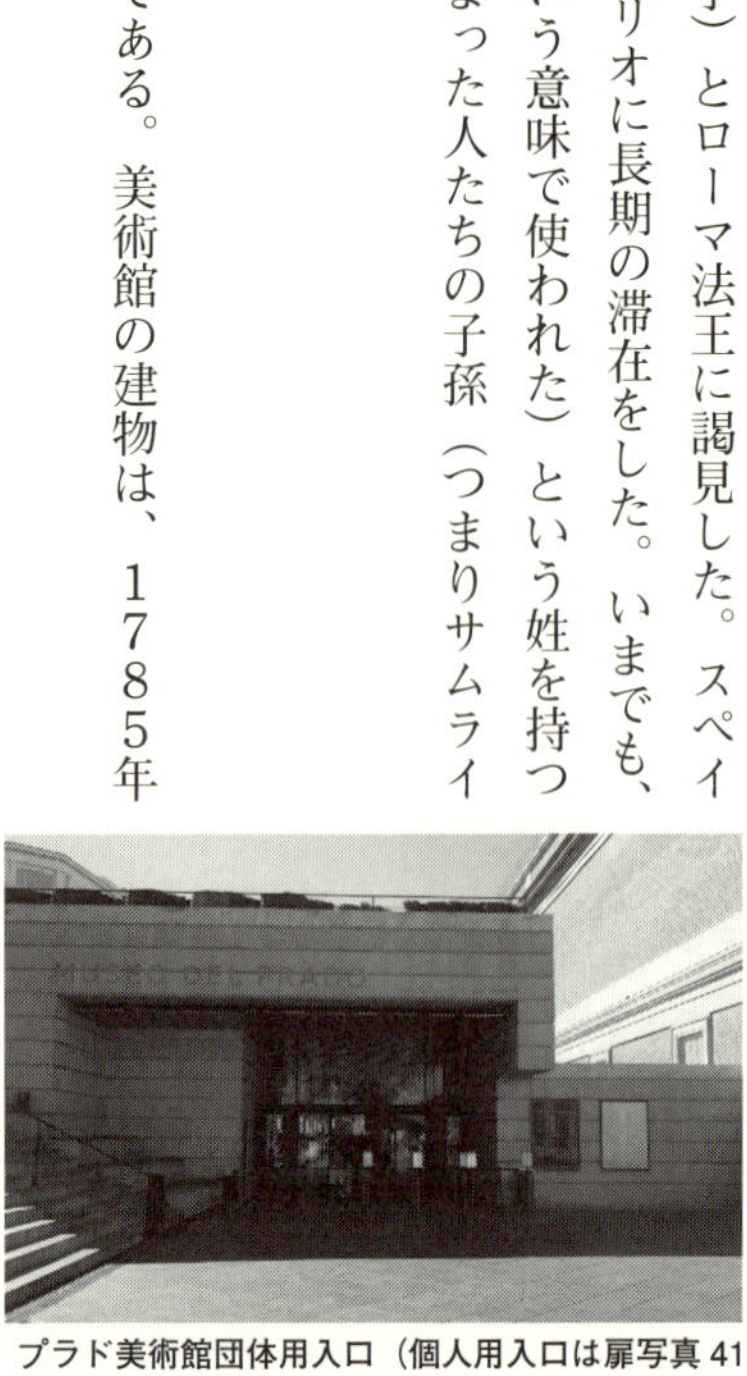

プラド美術館団体用入口（個人用入口は扉写真41頁）

にスペイン王カルロス3世が自然科学博物館として設計させたものだが、博物館として使われることなく、孫のフェルナンド7世とその王妃の時代に「王立美術館」として開館した。1868年に「プラド美術館」と改称された。

プラド美術館が面白いのは、芸術としての絵を鑑賞するだけでなく、そこにスペインの歴史が詰まっていることである。昔は写真がなかったので、王族たちは宮廷画家に自分たちの肖像画を描かせた。油彩画だけで8000点ほどあり、デッサンや版画なども含めると、総計35000点にも及ぶ美術作品が収容されている。

プラド美術館の3大画家といわれる、エル・グレコ、ベラスケス、ゴヤをはじめ、ムリーリョ、リベラなどのスペイン絵画ほか、ティチアーノ、ルーベンス、ボスコ（ボッシュ）、スルバラン、ティントレット、フラ・アンジェリコ、ヴェロネーゼなど16世紀から19世紀の絵画がぎっしりと詰まっているので、とても一日では見切れない。ツアーでの見学は1時間ちょっとしかないので、ガイドが見どころをピックアップして案内してくれた。

まずは、三大画家をエル・グレコ、ベラスケス、ゴヤと時代の古い順に回り、最後に各自、自由に見て回る時間を取った。ここでは、重要な絵の紹介と、その時代背景を解説しておきたい。

（エル・グレコと黄金時代のスペイン王フェリペ2世）

「エル・グレコはギリシャ人で、スペインでフェリペ2世の宮廷画家になろうとしましたが、王様に評価されませんでした。そして、トレドを拠点にして絵を描き続けました」

プラド美術館における、エル・グレコの代表的な作品は、イエス・キリストが十字架から降ろされたシーンを描いた「三位一体」（1577年）、聖母マリアのもとにライトグリーンの衣装を着けた大天使ガブリエルが降りてきて懐妊を告げる「受胎告知」（1596～1600年ごろ）、「イエスの復活」（1595年）、「聖霊降臨」（1596～1600年年）などであろうか。エル・グレコの作品は宗教画が多い。

グレコの時代にスペイン王であったフェリペ2世、その息子フェリペ3世、孫のフェリペ4世は、スペイン・ハプスブルク家の王である。これから見学するベラスケスは、フェリペ4世の宮廷画家だったので、フェリペ2世以降のスペイン王家について少し説明しておきたい。

フェリペ2世が生まれたのは1527年、まさにスペイン黄金時代といわれるときである。

彼の父カルロス1世（神聖ローマ皇帝カール5世）は、スペインだけでなく、祖父アラゴン王フェルナンド2世（カトリック王）から受け継いだシチリア王国やナポリ王国（現イタリア）、父フィリップ美公から受け継いだネーデルランド（現在のベルギー、オランダ）、祖父神聖ローマ皇帝マクシミリアン1世から受け継いだオーストリア、それに、コロンブスの新大陸到達によるアメリカ大陸といった広大な領地を遺産によって支配していた。まさに「日の沈まない帝国」といわれた。カルロスは、スペイン王と神聖ローマ皇帝を初めとする多くの肩書を持っていたが、56歳で引退し、皇帝位を弟フェルナンド（フェルディナント）に、スペイン王位を息子フェリペ2世に譲った。

エル・グレコ「三位一体」

フェリペ２世は黄金のスペイン大帝国を引き継いだのだが、生涯で４人の妻を娶った。好きで４回も結婚したのではなく、どれも政略結婚であり、すべて王妃に先立たれた。最初の相手は、ポルトガルの王女で、王子（ドン・カルロス）が生まれたが、王妃は若くして亡くなった。２回目の結婚相手は、イギリスのメアリー１世。メアリー女王はフェリペ２世より11歳年上で、結婚した時は40歳であった。後継ぎを残さずにメアリーはすぐ死亡する。３回目の結婚相手は、フランス、ヴァロワ家出身のイサベル（エリザベート・ド・ヴァロワ）であった。実は彼女、フェリペ２世の最初の王妃との間に生まれたカルロス王子の婚約者だったのだが、２度目の王妃を失くした父親が、息子の婚約者と結婚したのである。

　この話をテーマにした物語が、ドイツのシラー作「ドン・カルロス」で、それをオペラにしたのがイタリアの作曲家ヴェルディの「ドン・カルロ」である。

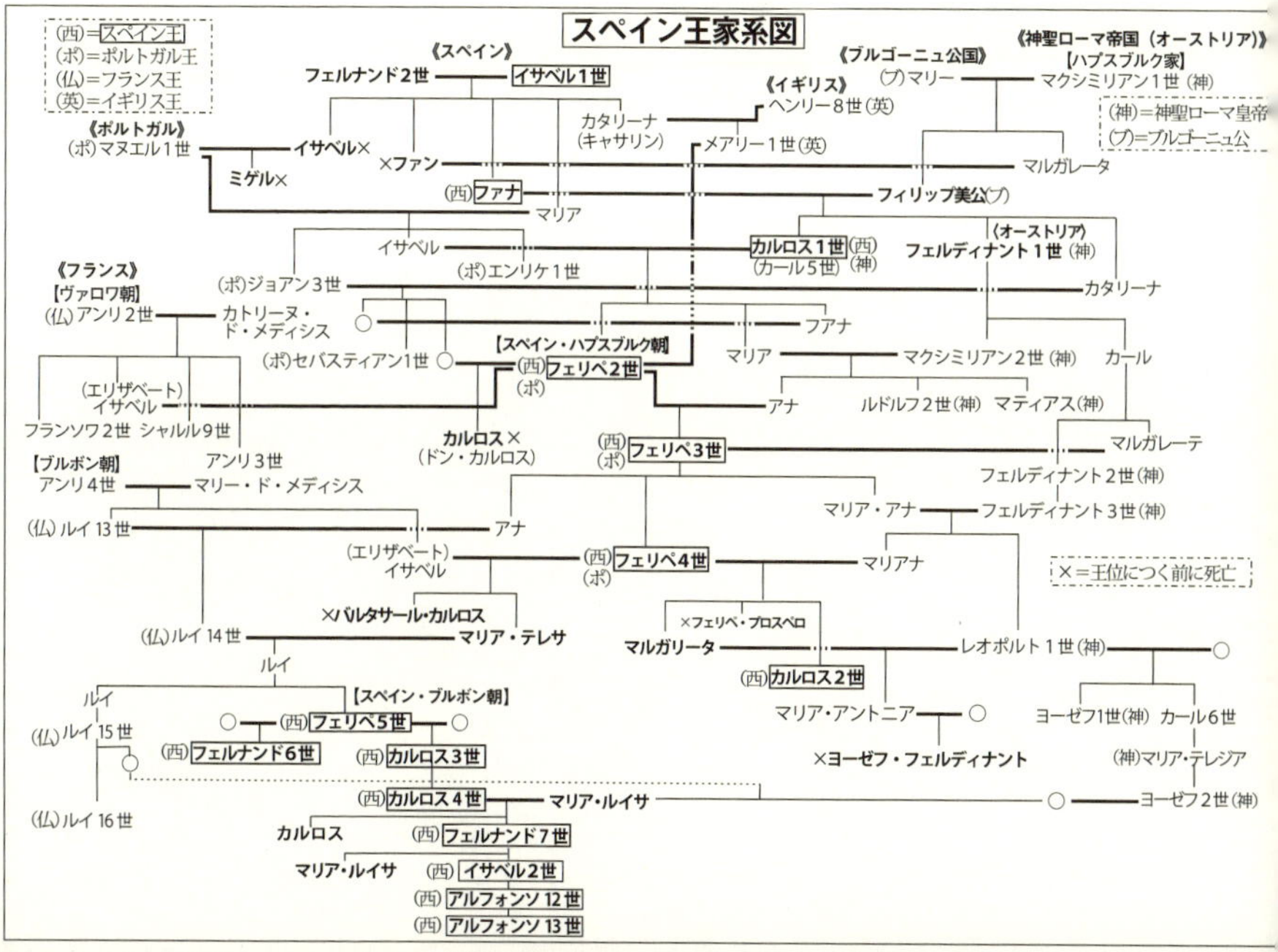

イサベル王妃との間には王女が2人生まれたが、後継ぎとなる男児は残さずにイサベルは若くして亡くなってしまう。そして、同じ時期にフェリペ2世の王子ドン・カルロスも亡くなった。

フェリペ2世は、4回目の結婚を決意する。相手はハプスブルク家のアナであった。ようやく王子を授かり、彼が後のフェリペ3世となる。

（宮廷画家ベラスケスとフェリペ4世、マルガリータ王女）

フェリペ3世の王子がフェリペ4世であり、彼の宮廷画家となるのがベラスケスである。

「では、エル・グレコの次は、ベラスケスの部屋に参りましょう。ベラスケスの絵画の中でも最高傑作といわれているのが、この「ラス・メニーナス」（女官たち）です。画面には王室の様子が描かれていますが、真ん中にいるかわいらしい女の子がマルガリータ王女です。当時5歳でした。一番左のキャンバスを前に絵筆を持っているのがベラスケス自身です。では、ベラスケスはいったい誰を描いていたのでしょう。絵をよく見てください。奥の方、王女の頭の左上に鏡があるのがわかりますか。その鏡の中に夫婦が描かれています。これが、フェリペ4世王と王妃なのです。つまり、ベラスケスが描いているのは、王と王妃だったのです。絵を鑑賞するために私たちが今立っているところが、実際に王と王妃が立っていたところなのです。そこへ、王女マルガリータがやって来た場面が描かれているのです」

ベラスケス「Las Meninas（女官たち）」

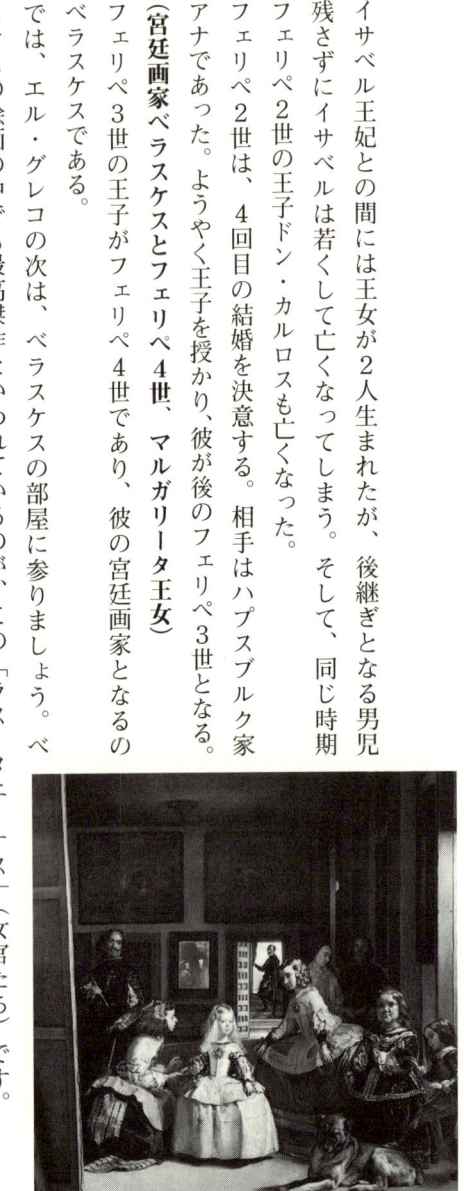

ベラスケスは、１５９９年にセビーリャで生まれた。19歳の時、師であるフランシスコ・パチェーコの娘ファナと結婚している。プラド美術館には、「画家の妻」というタイトルのファナの肖像画もある。24歳の時から、ベラスケスはフェリペ４世の宮廷画家だった。この絵を描いたときすでに57歳で、かなり晩年の絵である。

同じ部屋には他にも、マルガリータの肖像画やフェリペ４世の肖像画もある。

ベラスケスはマルガリータの肖像画をたくさん描いたが、そのうちの３枚はウィーンの美術史美術館に保存されている。彼女は、15歳でウィーンに嫁いでいくので、お見合い写真としてウィーンに送られたのである。結婚相手は、神聖ローマ皇帝レオポルト１世であったが、彼はマルガリータの血のつながった叔父だった。スペインのハプスブルク家は近親結婚が多く、マルガリータの両親、つまり鏡に映っている王フェリペ４世とマリアナ王妃も伯父と姪であった。そのためか、マルガリータも病弱だった。

ハプスブルク家に嫁いだマルガリータは、ドイツ語が完璧でなかったので、イタリア語を公用語として使い、夫婦の会話はスペイン語で行われていた。夫婦仲は悪くなかったらしく、自分の夫のことを「おじさん」と呼んでいた。しかし、マリア・アントニアという娘だけを残して21歳で亡くなった。

ベラスケスの部屋には、「バルタサール・カルロス皇太子」という、子供が馬に乗った絵がある。この絵は、２０１８年にははるばると日本にもやって来た。

バルタサール・カルロス皇太子

「彼は、フェリペ4世と最初の王妃との間に生まれました。マルガリータの母マリアナの従兄にあたり、マリアナはもともと彼と婚約していたのですが、17歳で亡くなったため、その父親で、自分の母親の兄であるフェリペ4世と結婚しました」

マルガリータには、年の離れた異母姉マリア・テレサもいた。彼女はフランスのルイ14世にすでに嫁いでいた。つまり、マルガリータが生まれた時はすでに、異母姉はフランスへと嫁ぎ、異母兄バルタサール・カルロスは夭折した後であった。マルガリータが6歳になった時ようやく弟が生まれた。

「フェリペ・プロスペロ」で、ベラスケスによって2歳の時に描かれたかわいい絵が残されている。

「しかし、このかわいらしい男の子も3歳で夭折しました。その後、マルガリータが10歳の時に生まれた弟が、後のカルロス2世となりました。カルロス2世の肖像画もありますが、ベラスケスが亡くなった後生まれましたので、ベラスケスによる肖像画はありません」

度重なる近親結婚のせいか、カルロスは身体や知能の発達が充分でなく、9歳になっても読み書きができないという状態であった。4歳の時に父王フェリペ4世が亡くなるのでスペイン王となるが、14歳になるまでは、母であるマリアナ王妃が摂政を務めた。

2度結婚するが、最初の結婚では子を残さずに王妃に先立たれ、2回目の結婚でもやはり子を残さず、カルロス2世は39歳で死去した。1700年11月1日であった。

(スペイン継承戦争)

カルロス2世は、フェリペ4世のたった一人の成人した王子であり、その彼が子を残さなかったため、スペイン・ハプスブルク家はここで途絶えた。

カルロス2世は、亡くなる前に、ブルボン家のアンジュ公フィリップにスペイン王位を継承するとの遺言をしていた。フィリップはルイ14世に嫁いだマリア・テレサの孫なので、スペインの血を引いている。

しかし、スペインが大国フランスと一緒になることを恐れた周辺諸国によって「スペイン継承戦争」が起こる。オーストリア、イギリス、オランダが宣戦布告をしたのである。戦争の舞台は、スペイン、イタリア、南ドイツ、オランダ、大西洋から北海であった。

ちなみに、イギリス軍がジブラルタルを占領したのはこの時である。

フランス・ブルボン家のフィリップは、スペイン王になるため、1713年のユトレヒト条約で、フランス王位に関するすべての権利を放棄することを約束した。

この条約で、イギリスはジブラルタルを自国領とし、現在に至っている。

カルロス2世の死去により、スペイン・ハプスブルク朝が終わり、王位を継承したのがフランス・ブルボン家のフィリップであり、スペイン王「フェリペ5世」として即位した。スペイン・ブルボン王朝の始まりである。


〈宮廷画家ゴヤとスペイン・ブルボン王朝〉


フェリペ5世の時代は、1746年まで続く。その時代に、最初に見学した王宮が建てられた。

彼が死去した年に、プラド美術館のもう一人の重要な画家ゴヤが誕生している。

フェリペ5世の死後は、息子のフェルナンド6世が王となったが、子供を残さずに王妃も王も亡くなった。そのために、異母弟のカルロスが後を継ぐことになる。

弟のカルロスは、すでに25年間もナポリ王であった（ナポリ王カルロ7世）ので、ナポリに住んでいた（詳細は「イタリア世界遺産と歴史の旅（増補改訂版）」参照）。

カルロスはスペイン王になるためにナポリの王位は3男フェルディナンド4世に譲り、1759年にマドリードへとやって来た。「カルロス3世」の誕生である。カルロス3世は1788年に肺炎で死亡し、次男カルロス（4世）がスペイン王として即位した。

ゴヤが、宮廷画家となったのは、1789年、42歳の時である。

それまで、マドリードの王立タペストリー工場で、タペストリーの原画を描いていた。タペストリー工場は1721年のフェリペ5世の時代に建てられた。

ゴヤは、1746年3月30日、アラゴン地方のサラゴサ近くにあるフエン・デ・トードスという村で生まれた。7歳の時にサラゴサに移り、ホセ・ルサーンのアトリエに入門する。1773年、27歳で、絵の先輩であるフランシスコ・バイユウの妹ホセーファと結婚した。20人の子供が生まれたが、成人したのはたった一人だけだった。ゴヤが梅毒にかかっていたためだといわれる。ゴヤは1792年、46歳のときに聴力を完全に失った。

（カルロス4世の家族）

ゴヤ「カルロス４世の家族」

ガイドの案内で、ゴヤの部屋にある「カルロス4世の家族」の肖像画のところへ来た。

「この絵のカルロス4世は、向かって中央よりやや右手に立っていますね。中央にいるのは王様ではなくて、王妃のマリア・ルイサなのです。なぜだかわかりますか。かかあ天下だったのです。王妃の両隣にかわいい子供がいますね。王女と王子ですが、王の子ではなく、当時の宰相を務めていたゴドイと王妃の子ではないかといわれています。ゴドイは、王妃の年下の恋人でした」

マヌエル・ゴドイは18歳の時に当時34歳だった王妃と知り合った。アランフェス離宮の近衛騎兵隊の兵隊であったが、5年後には大佐に、翌年には中将、そのまた翌年には25歳で総理大臣となっている。

肖像画が描かれたのは１８００年で、王は52歳、マリア・ルイサは49歳、ゴドイは33歳であった。王妃とゴドイの関係は、王も承知であったらしい。

後にフェルナンド7世となる皇太子は、左から2番目の青い衣装の少年で、この時17歳であった。


（裸のマハと着衣のマハ）


「では次に、裸のマハを見に行きましょう。この絵は、モデルが誰かということでいろんな説があります。一番有力な説が、アルバ公爵夫人といわれていた女性です。ゴヤが彼女に会ったときは49歳、アルバ公爵夫人は33歳でした。ゴヤの浮気相手の一人でもあったといわれていました」

アルバ公爵家はスペイン第一等の家柄で、有名な武将を輩出している家系である。彼

ゴヤ「裸のマハ」

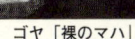

女は嫁いだのではなく、アルバ公爵家の生まれであり、13歳の時に当時19歳のビリャ・フランカ侯を婿に迎えた。

「お婿さんはオーストリアの作曲家ハイドンと文通をしていました」

ゴヤの時代はオーストリアのハイドン、モーツアルト、ベートーベンの時代でもある。映画アマデウスにも登場し、モーツアルトの音楽に理解のあったハプスブルクの皇帝ヨーゼフ2世の妃の妹が、スペイン王妃マリア・ルイサだった。

「裸のマハは宰相ゴドイの情婦ペピータという説もあります」

ビガス・ルナ監督のスペイン映画「裸のマハ」では、ペネロペ・クルスがペピータを演じた。後に、「裸のマハ」「着衣のマハ」の2枚は、ゴドイの邸で発見された。

「この絵は大変なスキャンダルでした。それまでも女性の裸体の絵はありましたが、神話の中のヴィーナスや女神の絵であり、実在の人物ではありませんでした。裸のマハを隠すために、着衣のマハが後から描かれたとか、首の位置がおかしいので、顔と裸体とは別の人物ではないかとか、いろんな説がありますが、結局まだよくわかっていないようです。マハというのは人の名前ではありません。伊達女、魅力的な女というような意味です。男性形はマホです」

最後に、戦争の絵や黒い絵シリーズのある階を見学した。

カルロス4世の治世下の1808年、フランスからナポレオンの軍隊がスペインへとやって来て、後にマドリードを包囲した。

トラファルガーの海戦でイギリス本土への野望をくじかれたナポレオンは、1807年にポルトガルを征服する。ポルトガル王家は、ナポレオン侵入前にブラジルへ逃げていた。翌年には、スペインも手に入れることになる。

スペインの王室では、皇太子フェルナンドがゴドイの政治に不満を持っていたことから、ナポレオンを味方に付けて父王カルロス4世を退位に追い込み、自分が王になろうとしていた。

スペインの民衆たちは、カルロス4世と王妃、そして宰相ゴドイというスキャンダルだらけの宮廷にすでにうんざりしていたので、フェルナンドに味方した。1808年3月にはカルロス4世は退位し、新国王フェルナンド7世が誕生した。

ナポレオンは、ナポレオンの代理の将軍ミュラを派遣し、フランス軍はマドリードに迫った。

スペイン民衆は、フランスの占領に対して蜂起した。それが、1808年5月2日のことである。ゴヤはこの現場を見ていた。そして、後に「1808年5月2日、エジプト人親衛隊との戦闘」を描いた。通常「5月2日」と呼んでいる。これは、フランス軍率いるアフリカ兵と、マドリード市民との戦闘であった。

スペイン市民は、フランス軍によって抑えられ、翌日の5月3日まで銃殺が続いた。この暴動で数百人が銃殺された。

ゴヤの絵「1808年5月3日、プリンシペ・ピオの丘での銃殺」（「5月3日」）である。フランス兵によるマドリード市民の処刑であった。

ゴヤ「5月3日」

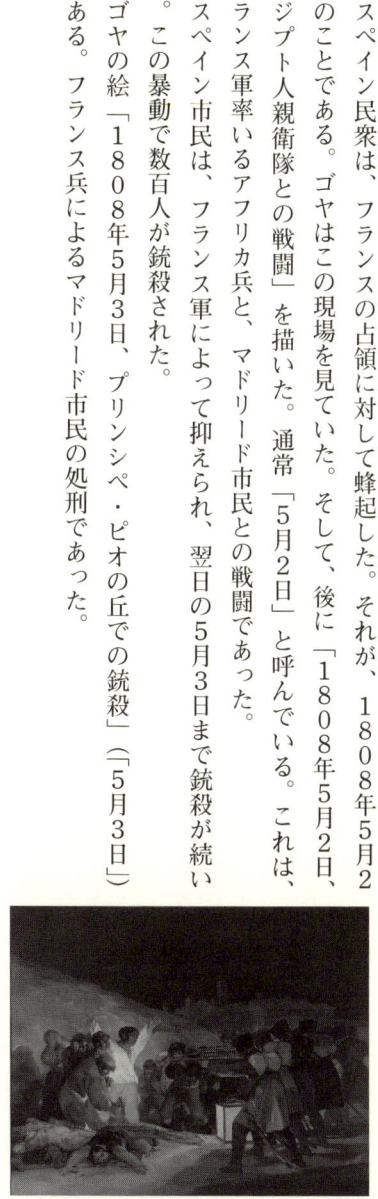

全国蜂起はその後も続いた。マドリードだけでなく、セビーリャ、カディスなどスペイン全国が舞台となって、惨殺や虐殺、処刑、投獄が行われた。

フェルナンド7世は退位させられ、ナポレオンの兄ジョゼフ・ボナパルトが「ホセ1世」としてスペイン王位を戴冠し、マドリード入りを果たしたのは、1808年の7月のことであった。しかし、民衆はフランス軍将兵を襲ってナポレオン軍に立ち向かった。そのため、ホセ1世はマドリードをすぐに立ち去った。

その年の11月、今度は皇帝ナポレオンが自ら30万の軍を率いてスペインに侵攻、12月にはマドリードを包囲し、翌年1月にホセ1世はマドリードに戻った。

これはスペイン独立戦争として、1814年まで続いた。

最終的にホセ1世は、1813年にマドリードを離れ、スペインを去って行った。

1814年、スペイン人民は、ついにフランス軍を追い払い、ナポレオンは退位、セントヘレナ島へ流された（詳細は「フランス世界遺産と歴史の旅」参照）。

フェルナンドは1814年にスペインに戻り、フェルナンド7世として王位を回復した。

ゴヤの「5月2日」「5月3日」は、事件の6年後である1814年、フェルナンド7世のマドリード帰還を迎えるために描かれた。

このころから、スペインの植民地であった中南米の国々が独立を始め、1820年代までには、ほとんどの国が独立した。

カルロス4世は退位と同時にフランスへと亡命したが、再びスペインに戻ることはなく、生まれ故郷のナポリへと帰り、1819年に70歳で死去、王妃もほぼ同じ時期に死去した。

5月2日、5月3日の絵の近くには「黒い絵」も展示されている。ゴヤが1819年に買ったマドリード郊外の家のサロンや食堂を飾るために描いた14枚の絵が「黒い絵」シリーズである。

ゴヤは1824年、78歳の時にスペインを去り、フランスのボルドーで晩年を過ごした。黒い絵シリーズの近くに、「ボルドーのミルク売りの娘」という、ほのぼのとした絵が飾られている。ゴヤの最晩年の作品である。

1828年、ゴヤはボルドーで亡くなった。82歳であった。

ボルドーのミルク売りの娘

（その後のブルボン家）

フェルナンド7世が1833年に49歳で死去すると、また王位をめぐっての争いが始まった。その頃はすでに、スペインの植民地であった中南米の多くの国が独立していた。

フェルナンドの王女イサベルが「イサベル2世」として3歳で即位した。しかし、フェルナンドの弟のカルロス（56頁のゴヤの絵「カルロス4世の家族」では一番左の赤い服の少年）が王位継承を主張したため、戦争となる（128頁「サン・セバスチャン」参照）。最終的にイサベル2世は王位を得たが、1868年には亡命した。

イサベル2世の息子アルフォンソが1874年になってようやくアルフォンソ12世として王位を復活させた。1886年5月、息子が誕生する前に、アルフォンソ12世はすでに亡くなっていたので、息子は生まれるとすぐにアルフォンソ13世として即位した。前国王ファン・カルロス１世の祖父、現国王フェリペ６世の曽祖父である。

　フランス革命によってフランスのブルボン王朝は途絶えたが、スペインのブルボン家として（スペイン語ではボルボン家）、現在も続いているのである。

ソフィア王妃芸術センターでピカソのゲルニカを見る

マドリードでは、プラド美術館だけでなく、「ソフィア王妃芸術センター」を見学した。ただ、半日の観光で美術館2つを見るのはかなり忙しいので、ゆっくり見学したいならフリータイムのあるツアーを選んで、個人で見にいくほうがいい。

　ソフィア王妃芸術センターには、ピカソの大作「ゲルニカ」が展示されている。「ゲルニカ」の絵については、ガイドが詳しく解説してくれる。絵のとらえ方は人によって多少異なるので、ここではあえて説明しないが、製作の背景だけはお話ししておきたい。

　当時のスペインは、１９３６年からの内戦により、共和党政府とフランコ将軍率いる反乱軍とに分断されていた。ドイツのナチスとイタリアのファシスト党はフランコ将軍率いる反乱軍を支援し、国土の半分以上が脅かされていた。

　ピカソに壁画の依頼が来たのは、１９３７年の1月のことであった。

　スペインの共和国政府が、パリのスペイン大使館を通じて、5月から始まるパリ万博のスペイン館

ソフィア王妃芸術センター

を飾る壁画の依頼をピカソにしてきた。ピカソは、すでにパリに30年以上も暮らしていた。ピカソはしばらく作品に手を付けていなかった。

そして、1937年4月26日、フランコ軍に味方するナチス・ドイツの空軍機によってゲルニカの爆撃が行われた。史上初の都市無差別爆撃であった。

ゲルニカ（Guernica）は北スペインのバスク地方にあり、それほど大きな町ではない。しかし、その日は市が立っていたため、多くの人が出てきていた。人々はパニック状態になった。この爆撃により2000人以上の死者を出した。

ゲルニカ爆撃の知らせは、すぐにパリにいるピカソの元に届いた。その知らせを受けたピカソは、出展する壁画のテーマをゲルニカとし、製作に取り掛かった。

絵の中に描かれているのは、女性や子供、動物などが中心で、これが空軍基地などではなく、一般の人を襲った無差別爆撃ということを表している。ガイドが言った。

「スペインの子供たちは、『第二次世界大戦は、ゲルニカで始まり、長崎で終わった』と習います」

パリ万博は5月25日開幕、スペイン館は7週間遅れでオープンした。11月に万博は閉幕した。

ゲルニカのあるバスク地方はフランコによって陥落され、スペイン北部全体がファシスト軍によって占領されていた。

ピカソ「ゲルニカ」

「ゲルニカ」の壁画は、フランコ軍がマドリードを占領した1939年にアメリカへ渡り、ニューヨークへ留まった。そして42年間スペインへ戻ることはなかった。

1973年にはピカソが死去、1975年フランコ将軍も死去、1978年にアメリカはゲルニカをスペインに返還することを認め、1981年に戻った時は、プラド美術館の別館に展示された。

1992年にソフィア王妃芸術センターのオープンと共に、ゲルニカはここへ移された。

「ゲルニカ」は、縦3・5メートル、横7・8メートルの大作で、モノクロの作品である。

ソフィア王妃芸術センターには、ピカソの他、ミロやダリなど近代画が展示されている。

バスでマドリード市内のホテルへと向かい、翌朝にはトレドへと向かうが、その前にマドリード近郊の見どころを紹介しておこう。

マドリード近郊の町

マドリードだけに一週間ほど滞在するような滞在型の個人旅行ツアーも魅力がある。マドリード市内だけでなく、日帰りで行ける歴史のある世界遺産の町がマドリード周辺にたくさん散らばっているからだ。エル・エスコリアル、アルカラ・デ・エナーレス、アランフェスはツアーではあまり行かないが、マドリードから近いので、半日から1日のフリータイムがあれば散策に訪れてもよいところだ。

エル・エスコリアル

マドリードの北西約45キロに位置するエル・エスコリアル（El Escorial）は、16世紀にスペイン王フェリペ2世が建てさせた修道院で、世界遺産に登録されている。

正式名は、王立サン・ロレンソ・デ・エル・エスコリアル修道院で、「サン・ロレンソ」は、聖ラウレンティウスのことである。イタリア語読みではロレンツォなので、聞いたことがあるかもしれない。ローマ帝国時代の4世紀、キリスト教の伝道師であったが迫害にあい、焼き網で焼かれて殉教した。

１５５７年の8月10日、フェリペ2世はサン・カンタンの戦いでフランスに勝利を収めた。翌年１５５８年に、フェリペの父カルロス1世（カール5世）が、ユステの僧院にて58歳で死去した。

フェリペは亡き父の墓所を建てることにした。その場所に選んだのが、イベリア半島の中心部にあるエル・エスコリアルで、前年の戦争では聖ロレンソの祝日に勝利したため、聖ロレンソに捧げる修道院を設立した。

建築は、１５６３年4月23日に礎石が行われ、21年後の１５８４年9月13日に完成した。建築家は、フアン・バウティスタ・デ・トレド、建物の断面図が焼き網のような形なのは、殉教した聖ロレンソに捧げるためである。

4階建ての建物で、４５００ほどの部屋、16の中庭、86か所の階

エル・エスコリアル修道院図書館天井のフレスコ画

段、88の泉、13の礼拝堂がある。

王宮、バジリカ（教会）、墓所、図書館、そして修道院を兼ね備えたルネッサンス様式の複合施設で、33327平方メートルの面積を持つ。

王家の霊廟には、フェリペ2世の父カルロス1世と王妃イサベル、フェリペ2世、フェリペ3世、フェリペ4世、カルロス2世など、ハプスブルク家とブルボン家の王とその王妃の霊廟がある。フェリペ2世は前述したように4回結婚したが、そのうちの3人の王妃の霊廟がここにある。2度目の王妃イギリスのメアリー女王の墓だけロンドンにある。

美しい図書館は、54メートルの長さで幅は9メートル、高さ10メートルという細長い形をしている。アーチの天井のフレスコ画が美しい。フレスコ画は、修辞学、論法、音楽、文芸、算数、幾何学、占星術という7種類の文芸をテーマに描かれている。

この修道院には、16世紀のフェリペ2世の時代、天正遣欧少年使節団の4人の少年が寝泊まりしたこともある。

アルカラ・デ・エナーレス

大学都市として有名なアルカラ・デ・エナーレス（Alcalá de Henares）は、マドリード自治州にあり、ドン・キホーテの作者ミゲル・デ・セルバンテスの生まれ故郷でもある。セルバンテスの家は、16世紀のセルバンテス時代の生家を再現したもので、鉄道駅

アルカラ大学（©Kooma）

から歩いて行ける距離にある。

アルカラとは、アラビア語で砦、要塞という意味である。イスラム教徒の時代であった12世紀ごろに砦が築かれた。15世紀末には、町全体が大学都市として建設された。大学は、19世紀にはマドリードへ移転したが、その後も大学の建物は保たれ、1977年にはアルカラ大学として再開した。「アルカラ・デ・エナーレスの大学と歴史地区」として世界遺産に登録されている。

日本でも多くの文学賞があるが、スペインで一番有名な文学賞は1976年創設の「セルバンテス賞」である。毎年4月23日のサン・ジョルディ（聖ゲオルギウス）の祝日に授与される。4月23日は、セルバンテスの命日で、シェイクスピアの誕生日でもあるので、この日に本をプレゼントする習慣がバルセロナを中心とするカタルーニャで始まったという。

セルバンテスは1547年9月29日に生まれた。父は外科医だった。セルバンテスは、1571年にレパントの海戦に参戦したが、左腕を失い、帰国途中で海賊に襲われ、捕虜の身となる。

そして、アルジェリアで5年間捕虜としての生活を強いられた。釈放後、仕事に就くが、仕事の負債が払えず、1597年に投獄された。

1605年に「ドン・キホーテ・デ・ラマンチャ」の前編を出版、後篇も1615年に出版された。

アランフェス

ホアキン・ロドリーゴにより1939年に作曲されたのがギター協奏曲「アランフェス協奏曲」で、

その名が知られている。スペイン内戦でアランフェス（Aranjuez）の町への、平和の願いを込めて作曲された。アランフェスには、ホアキン・ロドリーゴの記念碑がある。

アランフェスの王宮は、フェリペ2世の時代（16世紀）に離宮として建てられた。建築は、エル・エスコリアルを建てたファン・バウティスタ・デ・トレドと、ファン・デ・エレラである。フェルナンド6世の時代に完成し、その弟であるカルロス3世の時代（18世紀）に拡張されて、現在の形となった。

マドリードのプラド美術館で、ゴヤによる「カルロス4世の家族」の肖像画を鑑賞したが、あの絵が描かれた場所というのが、この王宮である。ゴヤは、ここへ何度も通い、一人ずつの肖像画を描いた。

アランフェスの王宮と庭園は「アランフェスの文化的景観」として世界遺産に登録されている。

アランフェスの王宮

カスティーリャ・ラマンチャ

この章で紹介する世界遺産
・古都トレド（1986）
・歴史的城塞都市クエンカ（1996）

崖の上のトレド旧市街とタホ川

トレド

マドリードの日本人ガイドがホテルに朝迎えに来てくれた。これからバスでトレドへと向かう。

「皆様、おはようございます。これから世界遺産の町トレドへ参ります。トレドは、『古都トレド』と呼ばれ、日本で言うと、京都や奈良に相当する大変歴史のある町です。奈良市と姉妹都市提携されています。トレドはマドリードの南70キロほどのところにあり、バスで1時間くらいかかります。午前中トレドの観光をして、フリータイムをとった後マドリードへ戻ってまいります」

スペインには16の自治州があり、トレド（Toledo）はカスティーリャ・ラマンチャ州の州都でもある。マドリードは、マドリード自治州という一つの州を作っている。

「スペインは長い間、トレドが首都でしたが、16世紀にフェリペ2世という王様によってマドリードへ遷都されました。トレドの町は、紀元前2世紀、つまり今から２０００年以上も前にローマ人によって造られました。その時、ここを『トレトゥム』と呼んでいました。それが後にトレドとなりました。5世紀の後半に、西ゴート人がイベリア半島に侵入して定住したとき、トレドを首都としました。それから、１５６１年にマドリードに首都が移されるまで、トレドはスペインの首都であり続けました。8世紀から約４００年にわたってイスラム教徒に支配されることになります。キリスト教徒による国土回復戦争によって、トレドは１０８５年に、当時の王様アルフォンソ6世によって再征服されました。

そのため、現在のトレドの町は、ローマ、西ゴート、イスラム、そして後のカトリック王の時代という多彩な歴史が見られる美しい町となっています。また、トレドといえば、画家のエル・グレコが活躍した場所でもあります。今日の旧市街観光で訪れるカテドラルやサント・トメ教会でも、グレコの絵画をたっぷりとご覧いただきます。マドリードではプラド美術館に行きましたが、プラドの三大画家エル・グレコ、ベラスケス、ゴヤのうち、エル・グレコだけはスペイン王の宮廷画家にならず、トレドに住み続けて絵を描き続けた人です」

ガイドが話をしている間にバスはトレドに近づいてきた。

「1986年にユネスコの世界遺産に登録されているトレドの旧市街は、『もしスペインで1日しか時間がない場合はトレドに行け。もし、5分しか時間がなければ、トレドの旧市街が一望できる展望台に行け』といわれています。その展望台へ今からご案内します。5分から10分くらいしか写真タイムを取りませんので、目によく焼き付けてください」

バスが展望台に近づくにつれてツアー客の歓声がだんだんと大きくなってきた。

展望台から見るトレドは、スペインで一番長い川タホ川に囲まれている。このタホ川が町を造るときに天然の要塞の役割を果たした。

町の南側に位置する展望台から、北に向けて旧市街を見ることになる。市街地の中に大きな建物が2つ見えるが、向かって右側に見える塔のある四角い建物は、「ア

展望台から見たトレドの全景

ルカーサル」であり、真ん中よりやや左寄りに見える塔のある建物は、「カテドラル」である。

タホ川（el Tajo）は、全長1008キロメートルで、水源はアラゴン地方のアルバラシン山地の海抜1593メートルの地点にある。716キロはスペイン国内を流れ、スペインとポルトガルの国境を通り、ポルトガルにいくと「テージョ川（o Tejo）」と名前を変えて、首都リスボンから大西洋へと注いでいる。マドリード、アランフェス、トレド、リスボンと主要な都市を流れている。マドリードでは支流のマンサナーレス川（Manzanares）が流れている。

トレド旧市街観光

展望台から旧市街全景を眺めた後は、バスで旧市街へと向かう。途中、右手に14世紀の「サン・マルティン橋」が見える。もともとは13世紀に造られたが、戦争で壊され修復された。

旧市街を囲むタホ川には、多くの新しい橋がかかるが、サン・マルティン橋と、アルカンタラ橋の2つだけは石造りの古い橋である。アルカンタラ橋は、10世紀のイスラム時代に造られたもので、「アルカンタラ」とは、アラビア語で「橋」という意味である。ルートによっては見えないこともある。

個人旅行なら、マドリードから列車でくると、トレドの駅から歩いてアルカンタラ橋を渡り、トレドの旧市街に入ることになる。

アルカンタラ橋の近く、タホ川を挟んで旧市街の対岸に見えるのは、サン・セルバンド城である。11世紀に修道院として建てられたもので、後にアルカーサル（王城）に転身した。

トレドの旧市街はバスの乗り入れができないので、下車してからはずっと徒歩での観光となる。

ビサグラの門近くでトレドのローカルガイドと合流してから市内観光が始まった。トレドは丘の上にあるので、長いエスカレーターでソコドベール広場近くまで上がった。歩いて上る場合は、太陽の門の側を通る。太陽の門は、13世紀に造られたムデハル様式の門である。「ムデハル」とは、キリスト教徒支配のところに住んでいるイスラム教徒のことで、そのアラブ風の建築様式がムデハル様式だ。トレドでは、ムデハル様式が使われている建築が多いが、スペインを旅していると、ムデハル様式という言葉をよく耳にする。その反対に、8世紀から15世紀の間、イスラム支配地でキリスト教を信仰していた人をモサラベ、その建築をモサラベ様式と呼んでいる。

ビサグラの門

カテドラル

まずは、細い路地をたくさん抜けながら、カテドラルを目指した。トレドの旧市街は上り坂、下り坂ともに多く、道は石畳なので体力がいる。

迷路のような細い路地が多くて、ガイドの後ろを付いて歩いているだけでは、どこを歩いているのかまったく分からない。フリータイムのあるツアーなら、後で地図を見ながら散策して確認したい。たくさん写真を撮りたいが、今はとりあえず付いていかないと迷子になる。

坂道を上ったり下ったりしているうちに、前方にゴシック様式のカテドラルが姿を現した。

「トレド大聖堂（Catedral de Santa María de Toledo）は、１２２７年（１２２６年とも）に礎石が行われました。それから２００年以上の歳月をかけて、１４９３年にようやく完成しました。その後も何度も増改築が行われたので、いろんな建築様式が見られます。建築様式は服装のファッションと同じで流行というものがあります。１２２７年に着工したころはゴシック様式でしたが、16世紀以降は、ルネッサンス、バロック、ネオ・クラシック様式などで建てられ、またムデハル様式というスペイン独特のアラブの影響を受けた建築様式も見られます」

正面入口は西側にある。カテドラルなどキリスト教の教会では、日の昇る東側に大事な主祭壇があるので、通常西側が入口となる。

「こちらには3つの扉があり、中央の扉は『免罪の門』と呼ばれています。上部にはキリストの最後の晩餐の彫刻が見られます。この西側の扉は大司教や国の元首などを迎えるときなど、特別なときにしか開きません。観光客は、右側（南側）の獅子の門から入ります。門の柵の上にライオンの彫刻があることから、獅子の門（Puerta de los leones）と呼ばれています」

獅子の門の内側には、16世紀に造られたすばらしいパイプオルガンが見られる。

「これから内部を見学します。現地ガイドがチケットを持ってきますので、少しお待ちください」

通りの先にカテドラルの塔が見える

今回はカテドラルの入場が含まれていたので、ガイドの案内も聞けるが、もし個人旅行であれば、獅子の門の前にある建物内でチケットを購入する。オーディオガイドの料金も含まれているが、日本語はないらしい。

入場が含まれていないツアーも多いが、グレコファンなら是非見ておきたい。カテドラル内にある聖具室には、グレコをはじめとする絵画が並び、美術館並みである。

「トレドのカテドラルは、スペインではセビーリャに次いで2番目に大きいカテドラルです。日本語では大聖堂と訳されていますが、大きいから大聖堂というわけでなく、司教座、つまりに『カテドラ』が置かれている聖堂を、大聖堂（カテドラル）と言います。１２０メートル×59メートルの広さ、塔の高さは92メートルあります。塔の上には鐘楼が収められています」

塔に上ることもできるが、人数制限があり、時間が決められた合同ツアーしかないので、いつでも好きなときに上れるというわけではない。一日ぐらい滞在できるなら、ぜひ上ってみたいところだ。ただし、らせん階段である。鐘楼のところまで行けるが、柵があるので、外の景色は柵越しに見ることになる。

「カテドラル内部には、７５０枚のステンドグラスが収められています。これらは14世紀から16世紀にかけて、当時の一流のガラス職人によって造られました。では、主祭壇に参りましょう。この素晴らしい主祭壇のパネルをご覧ください。キリストの生涯が20の場面で表されています。木彫り

主祭壇

の上から金を施しています。左下の方の聖母マリアの受胎告知から始まり、イエスの誕生などと下から上へと続いています。天井の高さは30メートルもあります。その手前には、聖歌隊席が設けられています。中央には、白いマリア像があります。14世紀ごろに造られたといわれています。また、この見事なまでの座席をご覧ください。上下2段にあります。下段は、15世紀末に作られたもので、座席の一つ一つにスペインの歴史が表され、彫刻されています」

聖歌隊席の上部に見られる18世紀に作られた2体のパイプオルガンも見事だ。金色の天使の装飾が施されている。

次に、主祭壇の裏側にある「トランスパレンテ」と呼ばれる場所へ移動した。トランスパレンテは、「透明な」という意味である。祭壇上部の天井近くの窓から光が差し込み、聖母マリアとキリストの像のある祭壇を美しく照らしている。

「これは、18世紀に建築家であり彫刻家でもあったナルシソ・トメと、その息子たちが11年の歳月を費やして造ったものです。チュリゲーラ様式と呼ばれるスペイン独特のバロック様式です」

トレド大聖堂のハイライトの一つであり、他の教会ではなかなかお目にかかれない。

「この大聖堂は祭壇だけではありません。美術館も備えているすばらしいところです」

聖職者の間（参事会堂室）には、トレドの歴代高位聖職者の肖像画が壁いっぱいに並んでいる。その上には、やはり壁いっぱいにキリストの生涯の壁画が描かれている。天井はムデハル様式の装飾が

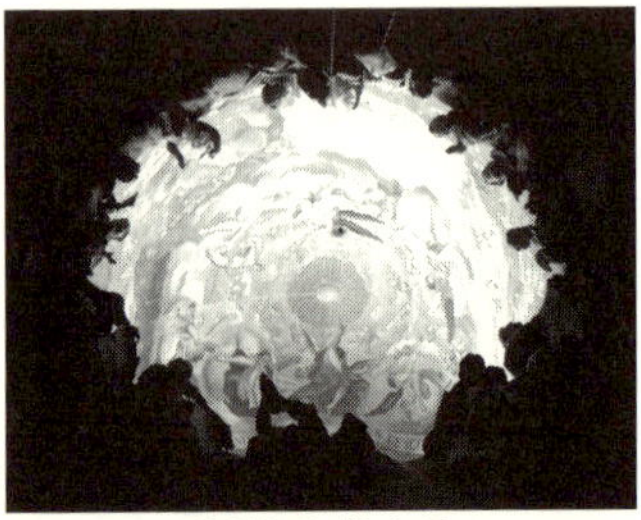

トランスパレンテ

施されていて、壁の空き部分がない。

聖具室と呼ばれるところは美術館と同じである。

「この天井画をご覧ください。これは、ルカ・ジョルダーノによって描かれた『聖イルデフォンソの昇天』です。また、前方突き当たりの、赤い衣を着たキリストの絵は、エル・グレコによって描かれた『聖衣剥奪』です。1581年ごろに描かれました」

他にも、グレコの絵をはじめ、ゴヤの「キリストの逮捕」、カラヴァッジョの「洗礼者ヨハネ」、ヴァン・ダイクの「聖家族」など多くの絵画が収められている。

最後に、宝物室へと入った。ここでの見ものは、クストディア3頁③（聖体顕示台）である。16世紀に作られたもので、純金が使われている。コロンブスのアメリカ到達以来、スペインへともたらされた金、銀がふんだんに使われたものだ。高さは3メートル、重さは200キロある。

「年に一度、聖体祭のときだけ持ち出されます。日本のおみこしのように担がれて、街を行進します。中に、キリストの体を表すパンを収めます」

大聖堂内には、22の礼拝堂があり、回廊もある。回廊は中庭を取り囲むようにあり、壁にはフレスコ画が描かれている。

ガイドの説明の後、少し写真を撮る時間と自分で見て回る時間をとって、カテドラルを出た。

カテドラルは街の中にあるので、全体の写真が撮りにくいが、市庁舎広場の階段を上ったところか

聖具室（正面に「聖衣剥奪」が展示されている）

聖衣剥奪

らカメラを向けると、塔を入れた写真が撮れる。カテドラルの前の広場、市庁舎広場（Plaza del Ayuntamiento）にある建物が市庁舎である。

「この市庁舎を設計したのは、グレコの息子のホルヘです」

カテドラルの写真を収めた後は、また迷路のような道を歩いて別の教会、グレコの最高傑作のあるサント・トメ教会へと向かった。

サント・トメ教会でグレコの最高傑作を見る

「サント・トメ教会（Iglesia de Santo Tomé）は、グレコの最高傑作オルガス伯の埋葬の絵で大変有名になっているところです。この絵は大変大きな絵で、縦4・8メートル、横3・6メートルもあります。この絵は、グレコがサント・トメ教会の聖マリア礼拝堂のために、当時の司祭による依頼によって描かれたものです。では中に入りましょう。写真は禁止です」

タイトルになっているオルガス伯とは、どんな人だったのだろう。実は、グレコがこの絵を描いたのよりも200年以上も前の人なのである。トレド出身のオルガス首長ドン・ゴンサロ・ルイス伯爵で、1323年に死去した。サント・トメ教会をはじめとするいくつかの教会を自分の財で修復させ、サント・トメ教会の拡張、内装のために多くの財産を残し、ここに埋葬された。この絵は、彼が亡くなってここで埋葬されるときに、2人の聖人ステファノとアウグスティヌスが天国から下りてきて、参列者の前に現れ、オルガス伯を抱えて埋葬したという伝説にもとづいて描かれた。オルガス伯は、この

カテドラル全景

絵の下に埋葬されている。

「絵は、上の部分と下の部分に分かれています。上の方は天界を表し、下の部分は現世を表しています。まず、下の部分をご覧ください。下の部分の中心に、オルガス伯が埋葬されています。彼を抱えている左の人が、聖ステファノ、右側が聖アウグスティヌスです。参列者たちは16世紀当時、つまり、グレコの時代の流行の衣装を身に着けています。描かれている人も、16世紀当時の有名人です。真ん中辺りの手を差し出している人がトレド市長です。その左側に、こちらを見ている人がいますね。他の人は全員上を向くかよそを向いていますが、この人だけこちらを見ています。これが、グレコ自身なのです。右の方にはセルバンテスもいるらしいです。また、左下に子供が一人います。この子は、グレコの息子ホルヘ・マヌエルで、後に建築家になりました。先ほど見ていただいた、カテドラルそばの市役所を設計した人です。ポケットのように見えるのはハンカチで、グレコが本名でサインをしています。1578年と書いてありますが、これはホルヘが生まれた年です」

グレコはギリシャ人で、本名はドメニコ・テオトコロプスという。エル・グレコというのは、スペイン語とイタリア語のミックスで、ギリシャ人という意味である。

「次に上の方をご覧ください。こちらは天界を表しています。中央上部にはイエス・キリスト、周りには天使がいます。左下には聖母マリアがいます。宗教画には決まりごとがございまして、聖母マリアはたいてい赤いドレスに青いマントを着ています。時々青いドレスの聖母マリアを見ることもあり

サント・トメ教会

ます。キリストの右下の男性は獣の皮をまとっています。獣の皮をまとっているのは洗礼者ヨハネです。聖母マリアの左には鍵を持った人、聖ペテロがいます。聖ペテロは天国への鍵を必ず持っています。その下の方には、旧約聖書に登場するダヴィデ、モーセ、ノアの3人が描かれています。右の方、洗礼者ヨハネのずっと右の方に小さく描かれた人の中に、白いひげを生やして手を胸に当てている人がいます。この人が当時の王様フェリペ2世です。トレドからマドリードに首都を移した王様です。現世の人でしたので本来ならば下の部分に描かれるはずなのですが、天界のところに描かれています。グレコは、フェリペ2世に自分の絵が認められなかったので、ここで仕返しをしたのではないか、とも言われています。それでは説明を終えますので、少し絵を鑑賞していただいたらすぐに外へ出ます」

エル・グレコは1541年にギリシャのクレタ島で生まれた。20歳代（1567年頃）にイタリアのヴェネチアに渡り、そこでティチアーノやティントレットの影響を受けた。その後スペインにやってきたが、スペインに来た理由は明らかにされていない。1576年頃、トレドにやってきたときには、30歳を超えていた。すでに首都がマドリードに移された後のことだ。

1577年、グレコは依頼を受けて、先ほどカテドラルの聖具室で見た、キリストの「聖衣剥奪」を描いた。これは、1579年に完成した。後にこれを見た当時の王フェリペ2世はグレコに、前述したエル・エスコリアル宮殿を飾る「聖マウリティウスの殉教」の絵を依頼した。

エル・グレコ「オルガス伯爵の埋葬」

フェリペ2世は、この修道院兼宮殿を飾るために多くの画家を雇っていた。

グレコはこの絵を１５８２年に完成させ、王のもとに持っていった。しかし、フェリペ2世に気に入られず、倉庫にしまわれた。そして、イタリア人画家のロムロ・ティンティナートに描かせたほうの絵を飾った。

グレコは、ベラスケスやゴヤのように宮廷画家にはならず、そのままずっとトレドに住んで描き続けた。

ユダヤ人街〜グレコの家博物館〜サン・ファン・デ・ロス・レイエス教会

サント・トメ教会を見学後は、ガイドと一緒に旧ユダヤ人街を歩いた。イスラム教徒は宗教に寛大であったので、イスラム教徒が支配する8世紀から11世紀にかけての約４００年間は、ユダヤ、イスラム、キリスト教徒と3つの文化が共存した。１０８５年にキリスト教徒によってトレドの町は征服されたが、最終的にユダヤ人がカトリック教徒によって追放される１４９２年までは、迫害を受けながらもトレドに住んでいた。

特に12世紀から14世紀には、ユダヤ人街が発展し、教会も建てられた。

12世紀の終わりか13世紀に建てられた、サンタ・マリア・ラ・ブランカ教会は、ムデハル様式のシナゴーグ（ユダヤ教会）であったが、１４０５年からキリスト教会となった。現在は女子修道院となっている。

もう一か所、１３５６年に建てられたトランシト・ユダヤ教会もある。

[3頁⑤]グレコの家博物館は、16世紀にグレコが住んでいた近くの家を修復して、アトリエを再現したもので、一部が美術館となっている。グレコの「トレドの景観と地図」は、ここにある。

サン・ファン・デ・ロス・レイエス教会（Monasterio de San Juan de los Reyes）は、１４７６年に当時のスペイン女王イサベルとフェルナンド王によって建てられた。

15世紀に女王になる王女イサベルは、アラゴン王子フェルナンドと結婚した。

後ほどスペインの歴史（93頁）でも触れるが、イサベルの兄でカスティーリャ王エンリーケ4世が１４７４年に死去するとイサベルは女王として即位した。しかし、エンリーケ4世の娘ファナを即位させようとする動きがあり、１４７６年、ポルトガルを引き込んで戦争（トロの戦い：Batalla de Toro）となる。この戦いで、イサベル、フェルナンド側は勝利し、勝利の感謝を神に捧げるために教会が建てられたのである。１６１８年に完成した。

エル・グレコ「トレドの景観と地図」

ソコドベール広場〜サンタ・クルス博物館、アルカーサル

ガイド付きの一通りの観光の後フリータイムがあれば、ぜひトレドの旧市街を歩いてみてほしい。散策を始めるには、ソコドベール広場が一番わかりやすい。「ソコドベール（Zocodover）」とは、アラビア語で家畜市場を表す。ここから、コメルシオ通り（Calle Comercio）という商店が多く並ぶ通りをいくと、カテドラルにも行ける。

ソコドベール広場からは、「ソコトレン」2頁③といわれる街を回ってくれるちんちん電車のような乗り物が出ている。

広場近くには、サンタ・クルス博物館（Museo de Santa Cruz）がある。ここはもともと１４９４年に設立されたサンタ・クルス病院だったところで、１８４６年まで利用されていた。16世紀ごろの家具やタペストリーのコレクション、グレコやリベラの絵画もある。階段の美しい装飾や回廊もある。

ソコドベール広場からカルロスV坂を登ると、左手に「アルカーサル（Alcázar）」と呼ばれる軍事博物館がある。展望台からもよく見えていたところだ。「アルカーサル」は、アラビア語で、要塞、城を意味する。この後、セゴビア、コルドバ、セビーリャなど、いろんなところで、アルカーサルと呼ばれている建物を見ることになる。トレドのアルカーサルは、町の一番高いところに位置する。

ローマ時代、イスラム時代から要塞があったところで、アルフォンソ６世王が11世紀にトレドをイスラム教徒から奪い返した後、イスラム教徒の攻撃を恐れて、再び要塞化した。その後のキリスト教徒の王により、増改築が行われた。

イスラム教徒の脅威が完全になくなった14世紀以降は、王の住居として使われた。

首都がマドリードへと移された後は、王室の宿泊所として利用されていたが、17世紀には刑務所となり、18世紀のスペイン継承戦争で焼失するなど、何度も破壊された。20世紀のスペイン市民戦争でも壊され（１９３６年）、１９３９年から１９５７年にかけて修復された。

今回は、トレド観光とフリータイムの後マドリードへと戻ったが、トレドに宿泊するコースも魅力がある。トレドの旧市街のホテルに泊まれば、ホテルにチェックインした後もトレドの町を隈なく歩いて自由に散策できる。

トレドからマドリードへ戻るとき、ガイドがバスの中でスペインの歴史を簡単に説明した。

「トレドは5世紀に西ゴート王国の首都となりましたが、それ以前はローマが支配していましたし、8世紀からはイスラム教徒の支配下に入りましたので、他のヨーロッパの国々では見られない建物や風景が多く見られます。では、それらを交えてマドリードへ行くバスの中でスペインの歴史についてお話ししておきたいと思います。ただし皆さん、今日は一日トレドを歩いて、お疲れのことと思います。バスの中ではお休みいただいて結構ですので、子守唄替わりにお聞きください」

スペインの歴史
（ローマ時代から西ゴート時代まで）

スペイン、ポルトガルのあるイベリア半島の「イベリア」とは、約4000年前にこの地に住んだ民族を古代ギリシャ人が「イベリア人」「イベロ人」と呼んだことによる。

また、古代ギリシャ人はこの地のことを、日の沈む土地という意味で「エスペリア」と呼び、それがエスパーニャ（スペイン）となった。スペインというのは英語での言い方で、スペイン語ではスペインのことをエスパーニャ（España）という。

この場所に最初にやってきたのがフェニキア人であった。彼らは紀元前１１００年頃交易のためにやって来て、南部の「ガデス」(現在のカディス、セビーリャの西)に植民都市を築いた。

その後、フランスの「マッシリア」(現在のマルセイユ)に植民地を築いていたギリシャ人も地中海沿いに北から入ってきてイベリア半島の東部に町を造った。

バルセロナ近くの「ヘローナ(ジローナ)」県にあるアンプリアスが特に有名で現在も遺跡として残っている。アンプリアスはギリシャ語の「エンポリオン(市場)」から来ている。

また、紀元前１０００年ごろには、ケルト人がヨーロッパ中央部からイベリア半島へやってきて、北部から中央部にかけて住み着いた。ケルト人は、イベロ人との混血も進み、セルティベロ人(ケルトイベロ人)と呼ばれた。

フェニキア人は、故郷(現在のレバノン辺り)をアッシリア人に支配されてからは、北アフリカのカルタゴ(現在のチュニジア)にベースを置き、カルタゴ人と呼ばれるようになる。カルタゴ人は、イビサ島を中心とするバレアレス諸島に植民地を築いた。しかし、シチリア島を巡る争いから、この後、カルタゴはローマと地中海の覇権を争って戦争になる。ポエニ戦争である。

カルタゴの将軍ハンニバルは、第2回ポエニ戦争で象の大軍を連れてアルプス越えをしてローマへと軍を進めていくが、最終的にローマ入りできず敗北し、カルタゴは滅んだ。

3回にわたって戦ったポエニ戦争にローマが勝利(紀元前2世紀)した後の約６００年間、イベリア半島はローマによって支配された。

ローマがイベリア半島に与えた影響は大きかった。まずは言葉、ローマ帝国の公用語であるラテン語を話すことが始まったのは、ローマがイベリア半島を支配した時からで、それから２００年の間に少しずつ変化して現在のスペイン語になった。そのため、同じくラテン語から派生したイタリア語とは同じ単語も多く、基本的な文法の形も一緒である。スペイン人がイタリア語を勉強するのも、その逆もそれほど難しいことではないらしい。

言葉だけでなく、ローマの文化水準は高かったので、習慣や法律、宗教、文化まで持ち込まれた。ローマは建築技術にも優れていたので、水道橋や円形闘技場、道路や港などを建設した。この後訪れるセゴビアの水道橋はその典型である。

そのローマ帝国も5世紀には滅亡してしまい、ヨーロッパはゲルマン民族の大移動といわれる時代を迎える。イベリア半島にも、ヴァンダル族、スワビヤ族、アラーノ族という蛮族が侵入して、ローマ文化を次々に破壊した。しかし、どの民族も定着せず、最後にやって来た西ゴート族が他の蛮族を滅ぼすか、アフリカに追い出し、イベリア半島に定住して、新しい支配者となった。西ゴート王国の誕生である。

そして、この西ゴート王国時代に首都となったのが「トレド」であった。後に、８世紀にはイスラム教徒がイベリア半島を支配して、１４９２年に最後のイスラム王国グラナダをキリスト教徒が取り戻すまでの戦争をレコンキスタと呼んでいるが、その後も16世紀にマドリードに遷都されるまで、トレドはスペインの首都であり続けた。

西ゴート族は文化水準が低く、識字率が低かったので、ローマ時代や、その後のイスラム教徒支配時代のように有名な文学者や思想家、芸術家、哲学者などの知識人は出ていないし、文献も少ない。宗教も言葉もローマ人が使っていたものを引き継いだ。6世紀の終盤に、西ゴート王レカレードによって、キリスト教を国教に定めた。

西ゴート王国は、5世紀から8世紀の初めまでの約300年続いた。西ゴート王国最後の王は、ロドリーゴ王であった。

（イスラム教徒の支配と国土回復運動）

711年のことであった。スペイン南部にアフリカ大陸からイスラム教徒がやって来た。リーダーの名は「ターリック」。彼は、イスラム帝国ウマイヤ朝の総督で、「ベルベル人」と呼ばれる部族であった。ターリックは12000人の軍隊を率いてアフリカから船で海峡を渡り、イベリア半島南端の岩へと上陸した。後にその岩のことを「ターリックの岩」という意味で、「ジュベル・ターリック」と言われるようになり、それが「ジブラルタル」となった。

ロドリーゴ王は、ターリックのイベリア半島への侵入を防ぐために戦ったが、「グアダレーテの戦い」で敗れた。

ターリックはさらに軍を進め、コルドバ、首都のトレドを征服した。西ゴート王国は、ターリックの軍隊によって全滅させられた。ただ、ロドリーゴ王は死んだのか、どこかへ逃げたのかは不明である。

その後5年の間に、イベリア半島全域が北アフリカのイスラム軍モーロ人（ムーア人）に支配されることになった。

キリスト教徒たちは、北部の寒い地方へと追いやられた。イベリア半島のほとんどの地域はイスラム教徒によって占領されたが、北部は寒くて暮らしにくかったので定住せず、イスラム軍はイベリア半島の北部を飛ばしてフランスにまで遠征した。

しかし、フランスではシャルル・マーニュ（カール大帝）の祖父のカール・マルテルが、ポワティエの戦いに勝利してイスラム教徒の侵略を防いだ。７３２年のことである。

イベリア半島の北部に追いやられたカトリック教徒は、イスラム教徒から自分たちの国土を取り戻す運動を始めた。これが「レコンキスタ（La Reconquista）」（国土回復運動または国土回復戦争）である。

そして、北部から少しずつ自分たちの国土を回復して行き、約８００年後の１４９２年に、最後のイスラムの砦であったグラナダ王国を滅ぼしてすべての国土を奪回した。

では、初期のころ北部に追いやられたキリスト教徒はどうなったのか。

イスラム教徒はあっという間にイベリア半島を征服したが、キリスト教徒がイスラム教に改宗することはなかった。宗教に寛容なイスラム教徒は、人頭税さえ払えば、改宗を強要することはなかった。

しかし、北部アストゥリアス（Asturias）のドン・ペラーヨ（Don Pelayo）という西ゴート人貴族は、イスラム教徒に毎年年貢をおさめることに反対した。すると、イスラム教徒は軍を送り、コバドンガ（Covadonga）で戦いが始まった（コバドンガの戦い）。この戦いに、ペラーヨの軍が勝利したのだ。レコンキスタ最初の戦争であった。７２２年のことである。

それによってアストゥリアス王国というキリスト教徒の独立した王国が誕生した。ペラーヨはこの国の最初の王となった。

これを記念して、次の王になる人、つまり皇太子のことをアストゥリアス王子（プリンシペ・デ・アストゥリアス）と呼ぶようになった。現在のフェリペ国王も皇太子時代こう呼ばれていた。

このときから、８００年近い年月をかけて、キリスト教徒たちが国土を取り戻していくのだが、アストゥリアス王国の他にも、北部ではパンプローナ王国（８２４年、後のナバラ王国）、アラゴン伯国（８０２年、後のアラゴン王国）などが誕生した。

アストゥリアス王国は拡大して、９１０年にレオン王国となり、１０３７年にカスティーリャ＝レオン王国となる。その後、婚姻、相続により１２３０年にカスティーリャ王国と呼ばれるようになる。

イスラム教徒支配時代のスペインについては、ここでは省略して、後ほどコルドバやグラナダに行くときに改めてお話ししたい。

11世紀にコルドバを首都としたイスラム教徒の国「アルアンダルス」がタイファという小国に分裂して、イスラム教徒の勢力が弱体化するにしたがって、キリスト教徒が支配地を拡大していった。

１０８５年には、かつての西ゴート王国の首都であったトレドをカスティーリャがイスラム教徒か

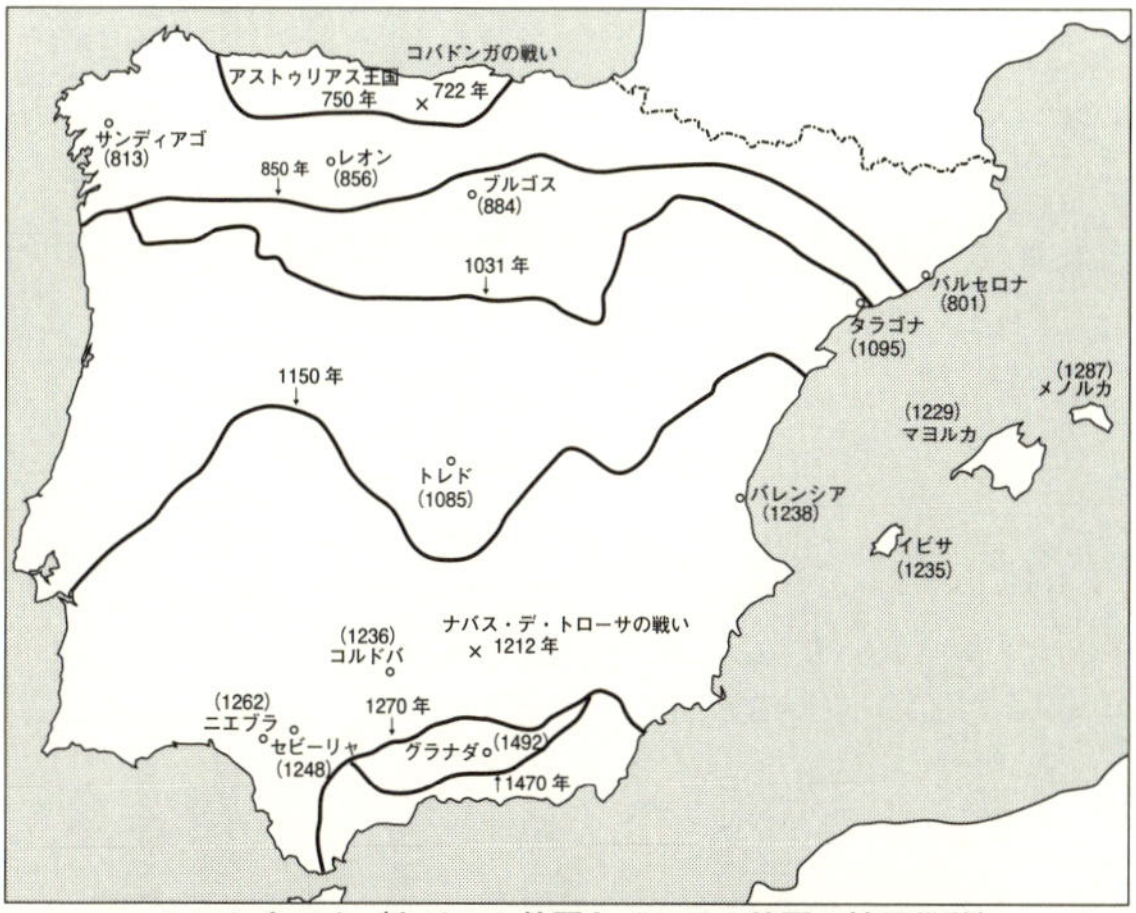

レコンキスタ（キリスト教国とイスラム教国の境界推移）

ら奪い返した。

トレドを奪われたイスラム教徒は、モロッコのアルモラビド朝に援軍を求めた。「アルモラビド」というのは、イスラム史では「ムラビト朝」と呼ばれるイスラム王朝で、1062年にモロッコのマラケシュを首都とした。翌年1086年、「アルモラビド朝」が、モロッコからジブラルタル海峡を越えてイベリア半島へ上陸するとカスティーリャ軍を破り、アルアンダルスをアルモラビドの領土とした。しかし、1130年には、再び衰退を始める。

モロッコでは、別のベルベル人の部族「マスムーダ族」のリーダーがより厳格なイスラム化運動（ムワッヒド）を進め、その後継者は1147年にマラケシュを占領、アルモラビド朝を滅ぼし、アルモアド朝（イスラム史ではムワッヒド朝）を創始した。

その後継者は、1195年に大軍を率いてジブラルタル海峡を渡り、カスティーリャ王アルフォンソ8世を破ってマドリード近くまで軍を進めた。一時、キリスト教徒を押し返すところまでいったが、3年後に病死してしまう。

1212年、教皇インノケンティウス3世のとりなしにより、カスティーリャ王アルフォンソ8世の指揮の下、アラゴン王ペドロ2世、ナバラ王サンチョ7世、ポルトガル王アフォンソ2世のキリス

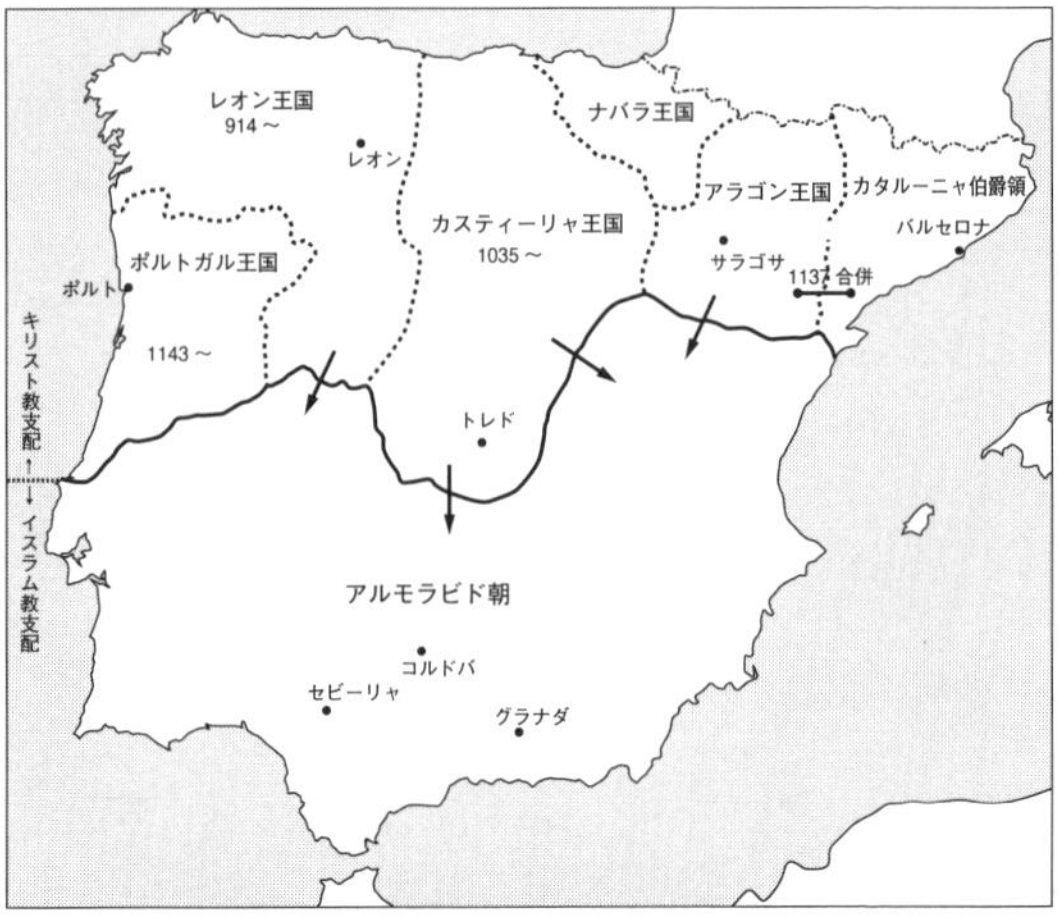

12世紀のイベリア半島

ト教連合軍は、5万の軍を率いて10万のアルモアド朝イスラム軍との戦いに挑み、勝利した。

この戦いを「ナバス・デ・トローサの戦い（Batalla de Las Navas de Tolosa）」といい、レコンキスタにとって大変重要で、その後、イスラム教徒から次々と土地を奪い返していく。

アルフォンソ8世の孫、カスティーリャ王フェルナンド3世は、婚姻関係によりレオン王国の後継者ともなり、カスティーリャ・レオン王国は、カスティーリャ王国と呼ばれるようになる。

1236年には、フェルナンド3世が、イスラム・スペインの首都であったコルドバを獲得した。

アラゴン王国は、ペドロ2世の息子ハイメ1世が、1229年から1235年にかけて、バレアレス諸島のマジョルカ、メノルカ、イビサを獲得。彼の後は、ペドロ3世、アルフォンソ3世、ハイメ2世と続き、この時代に、地中海を渡ってシチリア、サルデーニャ（現イタリア）、コルシカ（現フランス）までも支配下とした。さらに、15世紀にはナポリ王国まで征服する。

このようにして、イベリア半島のキリスト教の王国は、次々と合併していき、カスティーリャ王国、アラゴン王国、ナバラ王国、ポルトガル王国の4つとなった。

イスラム教徒は、ナバス・デ・トローサの戦いで敗れた後、1236年にコルドバが奪われ、その後モロッコを中心とするイベ

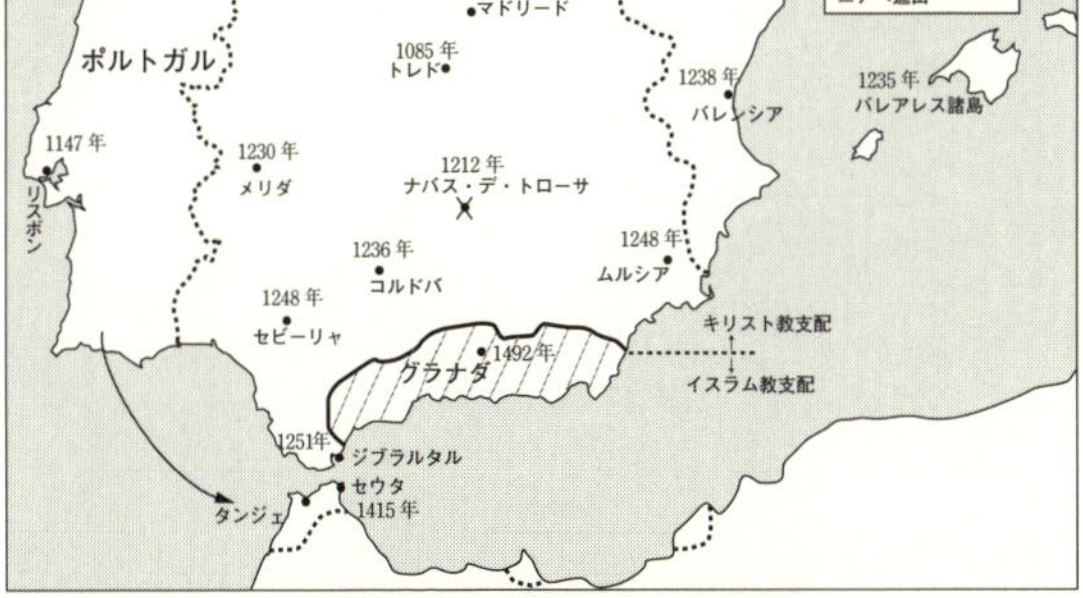

13世紀から14世紀のイベリア半島

リア半島の行政上の首都となったセビーリャも１２４８年にキリスト教徒に奪われてしまう。残るのは、１２３２年に建国されたナスル朝のグラナダ王国のみであった。

（スペイン王国誕生）

15世紀に入り、一番の大国であったカスティーリャ王国の支配者は、ファン２世であった。ファン２世には、エンリーケという王子がいたので、彼がエンリーケ４世として王位を継ぐことになった。ところが、この王にはなかなか後継ぎが生まれなかった（不能王と呼ばれていた）。最初の結婚はアラゴン王国のブランカ王女、しかし後継ぎが生まれないという理由で離縁された。２回目の結婚（ポルトガル王女ファナ）で王女ファナが生まれたが、宮廷に出入りしていたベルトラン公との子だと皆が知っていた（ファナ・ラ・ベルトラネーハと呼ばれた）。

エンリーケ４世の父親ファン２世は、王妃（エンリーケの母）が早くに亡くなったので再婚し、王女と王子が新たに生まれた。エンリーケの異母妹弟イサベルとアルフォンソである。

優柔不断なエンリーケ４世に対して不満を持つ有力貴族が集まり、異母弟のアルフォンソを一方的にアルフォンソ12世として戴冠させ、内乱状態になったが、アルフォンソは15歳の若さで死亡した。

貴族たちは、次にイサベルを後継者に推したが、イサベルはエンリーケ４世とトロス・デ・ギサンド協定を結び、エンリーケ４世が生きている間は王位につかないことを条件に、娘のファナではなくイサベルを後継者とすることを認めさせた。

エンリーケ４世は、イサベルを20歳も年上のポルトガル王アフォンソ５世と結婚させようとしたが、イサベルは政治的にもポルトガルではなく、アラゴン王国と組むべきだと考えた。

アラゴン王国は、イベリア半島以外にも、すでに今日のイタリアに当たる地域までも支配していた大国であった。しかし、フランスに併合される恐れもあり、隣のカスティーリャ王国の力が必要であった。当時のアラゴン王は、ファン2世（カスティーリャ王と同じ名前）であり、フェルナンド王子がいた。

イサベルは兄から逃げ隠れ、1469年にバリャドリードの貴族の館でアラゴン王子フェルナンドと落ち合い、トレド大司教のもとで結婚式を挙げた。イサベル王女は結婚するまで、フェルナンド王子に会ったことはなかった。こうして18歳のイサベル王女と17歳のフェルナンド王子は結婚した。姉さん女房であるが、当時のヨーロッパの政略結婚では珍しいことではなかった。

二人が結婚したことを知ったエンリーケ4世は怒って「後継者を娘ファナにする」と宣言したが、1474年にエンリーケ4世が死亡すると、イサベルはカスティーリャ女王イサベル1世として即位した。同時にフェルナンドも共治王フェルナンド5世となった。

エンリーケ4世によって後継者に指名されていた娘のファナは、貴族の大勢がイサベル支持だと分かると、叔父であるポルトガル王アフォンソ5世に助けを求めた。アフォンソ5世は姪のファナと結婚するとカスティーリャの王位を主張し、1476年、軍を率いてカステーリャに侵攻した。しかし、トロの戦いでイサベル、フェルナンド両王に敗れ、フランスに同盟を求めたが失敗し、イサベル、フェルナンド両王の正当性を認めた。アルフォンソ5世とファナの結婚は、ローマ教皇シクストゥス4世によって近親婚を理由に無効とされ、ファナは修道院に送られて68歳で死ぬまでリスボンで過ごした。

1479年にアラゴン王ファン2世が亡くなり、フェルナンドはアラゴン王フェルナンド2世として即位した。キリスト教支配の4王国のうちカスティーリャとアラゴンは合併し、カスティーリャ・アラゴン連合王国（スペイン王国）が誕生した（形式的にはまだ別の国であったが、実質的にカスティーリャがアラゴンを吸収）。

2人の目標は、グラナダ王国をイスラム教徒から取り返すことであった。そして1492年には、ついにイスラム教徒の最後の砦、グラナダ王国を陥落させた。

（イサベル女王とその子孫）

イサベル女王とフェルナンド王は5人の子宝に恵まれた。1男4女である（51頁系図参照）。①長女イサベル（1470年、バリャドリード生まれ）、②長男ファン（1478年、セビーリャ生まれ）、③次女ファナ（1479年、トレド生まれ）、④三女マリア（1482年、コルドバ生まれ）、⑤四女カタリーナ（1485年、グラナダ生まれ（諸説あり））。

1492年のグラナダ攻略の時にはすでにイサベル女王は5児の母であった。レコンキスタ中の出産で、あちらこちらに移り住んでいたので、産気づいた場所が出産の場所となった。

5人の子供のうち、男子はファンただ一人だった。そのため、自動的にファンが王位継承者となった。ファンの王妃として、神聖ローマ皇帝であるハプスブルク家のマクシミリアン1世の娘、マルガレータ王女がフランドルからスペインに嫁いでくることになった。

それと交換に、次女ファナがマルガレータの兄でブルゴーニュ公フィリップに嫁ぐために、先にフランドルへ行った。スペイン王家とハプスブルク家の二重結婚である。

ところが、ファンはマルガレータと結婚して半年後、19歳の若さで死んでしまう。

カスティーリャには「サリカ法（ゲルマン法の一つで女系継承を禁じる）」という制度があり、女性は王位継承から外されることになっていた。イサベル女王も、兄エンリーケの死去の際、すでに弟のアルフォンソが亡くなっていたため女王となった。

次の王位継承者、長女イサベル（母と同じ名前）は、ポルトガルの王位継承者アフォンソ王子のもとへ嫁いだが、アフォンソは半年後に死亡、次にポルトガル王となったマヌエル1世へと嫁いでいた。2度目の結婚で王子を授かったが、イサベル自身がお産で命を落とす。王子は無事に生まれ、ミゲルと名付けられた。イサベル女王は孫のミゲル王子を大変かわいがった。ところが、ミゲル王子も2歳にならないうちに死んでしまう。

王位継承者が次々と亡くなり、次の王位継承者はフランドルに嫁いでいた次女のファナとなった。ファナにはすでに、レオノール、カルロス（後のスペイン王カルロス1世）、イサベルという3人の子供がいたが、子供たちをフランドルに残したまま、ファナを夫のフィリップと共にスペインに呼び戻すことになった。そして2人がスペインに滞在中、今度は次男フェルナンド（後の神聖ローマ皇帝フェルディナント1世）を懐妊した。

ところが、フィリップはフェルディナントが生まれる前にフランドルへ戻ってしまう。

それから1年半もの間、夫婦はスペインとフランドルで別居することになり、その頃からファナが少しずつおかしな行動を取るようになった。美男子でもあるフィリップ（「美公」と呼ばれた）は女性関係が派手で、ファナは結婚直後からすでに嫉妬することが多かった。ファナがフランドルへ戻った後、フィリップの側近女性に嫉妬して女性の髪の毛をはさみで切ったというエピソードも残る。

その同じ年の１５０４年11月26日、イサベル女王が死去した。その遺言では、ファナが王位を継ぐようにということだったが、ファナが国を統治できるような精神状態ではないことは気づいていたので、スペイン統治が無理な時は父フェルナンド王が摂政として統治し、その後はファナの長男カルロスが王位を継ぐということになった。カルロスはこの時はまだ4歳でフランドルにいた。

イサベル女王の死後、ファナは王位を継ぐために夫のフィリップとともにまたスペインへ戻った。１５０６年のことだった。

父のフェルナンド王は、妻の死と共にカスティーリャ共治王としての地位を失ったので（アラゴン王ではある）、ファナがカスティーリャ女王に即位すると、当時アラゴンの領地で安定していなかったナポリ王国へ向かった。

ファナの即位から4カ月後、夫のフィリップが病気となり、ブルゴスで急死した。フィリップ（フェリペ）は、死んだらグラナダに葬ってほしいと遺言をしていた。北部のブルゴスから南部のグラナダまで柩を運ぶのに何か月もかかった。ファナは遺体運びに同行し、途中で柩を開けたり、フィリップが生きていると言ったり、異常な行動がうわさされた。

国内の混乱を聞いた父フェルナンド王は、急遽ナポリから帰国し、摂政としてスペインを治める。

ファナは、1508年、父フェルナンド王によって、トルデシーリャスの宮殿に幽閉され、75歳で亡くなるまでの46年間、そこで暮らした。

1516年にフェルナンド王が亡くなると、17歳の孫のカルロス（ファナとフィリップの長男）が、カルロス1世として即位するためにフランドルからやって来た（正式に即位するのは、母親ファナが死亡する1555年以降であるが、共治という形でカルロスが代行した）。フランドルから来たカルロスは、フランドル語、フランス語、ドイツ語は話せたが、スペイン語は全く話せなかった。

1519年には、カルロスのもう一人の祖父であるハプスブルク家の神聖ローマ皇帝マクシミリアン1世が死去し、ハプスブルク家の領地を相続するとともに、神聖ローマ皇帝「カール5世」として即位した。スペインでもカルロス1世ではなく、「カルロス5世」と呼ぶ人が多い。

こうして、スペイン・ハプスブルク朝が誕生した。カルロス1世の王子で、後のスペイン王となるのが、エル・グレコの時代の王フェリペ2世である。

ラマンチャの風車

マドリードからコルドバ、セビーリャ方面に行くとき、スペイン新幹線AVEに乗ると速いが、ドンキホーテの世界であるラマンチャ（La Mancha）の風車を見ながらバスで移動することもある。

マドリードからコルドバまで、風車の見学と2度の休憩を入れて6時間くらいかかるが、緑の多い北スペインと打って変わって樹木の少ない広大なラマンチャの景色をバスの車窓から満喫できる。「ラマンチャ」とは、アラビア語で乾いた土地を意味する。カスティーリャ・ラマンチャ州の中の南部3県をラマンチャ地方と呼んでいる。

ドンキホーテが巨人と間違えて突進したという風車は、カンポ・デ・クリプターナのものだが、ツアーの行程上近いので、コンスエグラに立ち寄ることが多い。

コンスエグラ（Consuegra）には風車が12基立ち並び、近くに城もある。風車は風によって動くので高台にある。

静かなコンスエグラの細い通りを大型観光バスで通り過ぎて高台まで上っていく。バスの駐車スペースが限られているので、入口で駐車場の予約をとって、一番奥の風車小屋のところまで行った。

風車は、16世紀にカルロス1世がネーデルランドからもたらしたといわれるが、実際のところコンスエグラの風車は主に19世紀の前半に小麦を挽いて粉にし、パンを作るために造られたものである。長い間使われていたが、1980年代にはもう使われなくなった。風車にはそれぞれ名前が付けられており、入口ドアの上に名前が書いてある。

風車小屋のとんがり屋根は、羽根とともに360度回転させることができる。外にある長い棒を回し、羽根を風の向きに合わせる。

ルシオ（Rucio）と名付けられた風車小屋がオープンしていたので内部も見学ができた（有料）。

コンスエグラの風車

階段で上がると粉を挽くのに使っていた歯車や臼が見学できる。1階は小さな売店になっている。売店には、サフランも小さな箱に入って売っていた。

コンスエグラはサフランの生産地である。10月ごろに花を咲かせ、それから収穫する。天候によって大変影響されるので、生産が非常に難しい。オリーブのように木になるのではなく、地面に直接花を咲かせるので、収穫も田植えのように腰をかがめて一つ一つ摘み取っていく。花は家に持ち帰り、すぐにめしべを取らなければならない。この赤いめしべを料理に少し入れると、香りのよい黄色いご飯ができる。コンスエグラでは、めしべ取りコンテストも行われている。

風車の丘にある城は、ムエラ城と呼ばれ、もともと10世紀のコルドバのカリフ時代（148頁参照）に土台が造られ、12世紀のアルフォンソ8世の時代に今のような城が建てられた。19世紀のナポレオン時代に破壊され、誰も住んでない廃城になっているが、保存するために20世紀から修復しながら維持している。

コンスエグラほどツアーで立ち寄ることはないが、カンポ・デ・クリプターナ（Campo de Criptana）にも10基の風車がある。

セルバンテスの「ドン・キホーテ・ラ・マンチャ」の物語で、キホーテが巨人と勘違いして戦いを挑んだ風車はこちらの風車である。

村の北側、殺伐とした荒野に風車が立ち並ぶ風景は、ドン・キホーテの物語そのものである。

カンポ・デ・クリプターナの風車

クエンカ

クエンカ（Cuenca）はバレンシアとマドリードの中間にある町で、カスティーリャ・ラマンチャ州に属している。

クエンカの町は、２つの川が石灰岩台地を侵食してできた断崖の上にある。９世紀にイスラム教徒が建設した要塞が起源だと言われ、13世紀に建造されたクエンカ大聖堂3頁⑧は、ゴシック様式の建物としてはスペインでも最古の建築物で、旧市街には、他にも、古い建物が残されている。

１９９６年に歴史的城塞都市クエンカとして世界遺産に登録されている。

クエンカ観光の最大の目玉は、断崖絶壁にせり出すように建っている「宙吊りの家（Casas Colgadas）」で、対岸のパラドールに渡るつり橋の上が写真スポットである。

日本からのツアーで、クエンカが含まれていることはあまりないが、一部の旅行会社がバレンシアからマドリードへの途中に立ち寄るツアーを出していることがある。

ただ、ＡＶＥならマドリードから50分で着くので、マドリードで１日のフリータイムがあれば、日帰り観光することも可能である。

個人で行く自信がないなら、費用はかかるが、マドリードからの日本語ガイドつきオプショナルツアーを、インターネットから予約するのもいいかもしれない。

クエンカの宙吊りの家

カスティーリャ・レオン

セゴビアのローマ水道橋

この章で紹介する世界遺産
・セゴビアの旧市街と水道橋（1985）
・アビラ旧市街と市壁外の教会群（1985、2007）
・サラマンカの旧市街（1988）
・ブルゴス大聖堂（1984）

セゴビア

マドリードからの日帰り観光で、トレドが横綱格なら、大関格となるのはセゴビア（Segovia）であろう。ローマの水道橋とアルカーサルの王城の外観の美しさは大変有名である。

ローマ水道橋

ローマ水道橋のすごさは、写真ではなかなか味わえない。実物を見るとあまりにも巨大なので、何度来ても驚く。そばに階段があるので、一番上まで上っていくことができる。

遠くから見ると、周囲の4、5階建ての建造物と同じくらいの高さに見えるが、上に上って真横から見ると、回りの建物のちょうど倍くらいの高さであることがよくわかる（つまり8階建てのビルの高さ）。わずか2層のアーチで8階建てビルの高さまで石を積み上げているのだから驚きである。

ローマ水道橋は1世紀もしくは2世紀の前半に造られた。ということは、２０００年近く、この場所にずっと存在したことになる。スペイン生まれのローマ皇帝トラヤヌスの時代に造られた。

水道橋の長さは、導水路だけで15キロメートルほどもある。橋の全長は８１３メートル、柱の数が１２０、アーチが１６６個ある。近くのグアダラマ山脈でとれる花崗岩を使用しているのだが、全部

ローマ水道橋

で2万400個の切石を重ねて造られており、精巧なバランスを保っている。

ローマ水道橋は、ヨーロッパ各地に残されているが、フランス、ポンデュガールの水道橋は町中ではない場所に存在しており、バルセロナ近郊のタラゴナの水道橋は、周辺にあるのは高速道路だけで、どちらも周囲の建物と比較して水道橋の大きさを実感することはできない。それに比べるとセゴビアの水道橋は、小さな町の中に横たわるガリバーのようで、上にあがって見下ろすと、周囲の建物や下を歩く人がミニチュアのように見える。

この水道橋は、山の水をセゴビアの町まで運ぶために造られたのだが、1884年10月11日まで使われていたという記録がある。

たった一度だけ、この水道橋の一部が破壊されたことがある。1072年、トレドのイスラム教徒アルマムンによるセゴビア攻撃のとき、36のアーチを損傷した。15世紀になって、ファン・デ・エスコベードという僧侶によって修復された。

セゴビアの旧市街を歩く

水道橋の見える「アソゲホ広場」（水道橋はここから東へとまだ続くのでその一部があるアソゲホ広場というのが正しい）から、北西一帯が城壁に囲まれた旧市街となっている。その一番西の端に王城アルカーサルがあるので、旧市街の中をゆっくりと歩きながら城まで行ってみよう。同じ場所に戻ってくる場合は、アルカーサルへ先に行って見学し、戻りながら市街を見学してもいい。

まず「小さな広場」という意味を持つアソゲホ広場からセルバンテス通り、それにつづくファンブラボ通りを行くと、右手に12世紀の「サン・マルティン教会」が見えてくる。

この辺りは、多くの商店や飲食店が並ぶ商業地域でもある。さらに進んで、Y字路の右手イサベル・ラ・カトリカ通りを行くと、マヨール広場に出る。マヨール広場とは大きな広場という意味でアソゲホ広場と対である。

時計のある建物が市庁舎である。街の中心であるマヨール広場は17世紀の政治都市計画の産物である。1461年からマヨール広場と呼ばれた。市庁舎が建てられたのは1610年のことだ。

広場の西側に位置するカテドラル（大聖堂）は16世紀の建造である。カテドラルの前身は、サンタ・マリアを守護聖人とするロマネスク様式の建物で、アルカーサルの前（現在庭になっているところ）にあった。1521年に、コムネロスの乱があり、教会は被害を受けた。

その後、カルロス1世が聖堂参事会に新しい聖堂の建設を提案し、マリア被昇天とセゴビアの守護聖人サン・フルートスを奉る聖堂を建てることになった。

1525年に建築が始まり、「神が宿る聖堂」とされたのが1768年のことである。建築スタイルはゴシック様式で、内部の20もの礼拝堂は18世紀までに造られた。有料

市庁舎入口横のプレート

サン・マルティン教会

で内部を見学できる。回廊やフランドルのタペストリー室も見ることができる。
カテドラルから西南一帯は、フデリーア（ユダヤ人街）である。ユダヤ人がこの地に住み始めたという記録が残っているのは13世紀のことだ。

セゴビアのアルカーサル

カテドラルからアルカーサルへは、マルケス・デル・アルコ通り、メルセー広場、ダオイス通りを通るのが一番近いが、マヨール広場に戻って、エスクデーロス通りから、サンエステバン広場（サンエステバン教会がある）を見て、ベラルデ通りをまっすぐ下って行くこともできる。

セゴビアのアルカーサルは、スペインに残るアルカーサルの中でも、ひと際洗練された美しい外観を持つ。ディズニー映画「白雪姫」の城は、このアルカーサルをモデルにしたといわれている。

11世紀にマドリードとトレドを再征服したカスティーリャ王アルフォンソ6世が12世紀初めにセゴビアを再征服した直後から文献に現れるらしいが、そのころの建物は残っていない。その後、イサベル女王を中心とするカスティーリャの王たちが、好んで住んだ場所でもあり、最後にここを居城としたのがフェリペ2世である。

庭から城へ向かって左手の建物で入城券を求め、橋を通って中へと入っていく。

セゴビアのアルカーサル

マヨール広場の西側にあるカテドラル

塔に上るチケットも売っているので、上りたい場合は、あらかじめ買っておく必要がある。チケット売場で日本語の説明が書かれた案内をもらった。それには、城内の各部屋の説明が非常に分かりやすく書いてあったので、おもしろいところだけ紹介しておく。

「暖炉の部屋」には、フェリペ2世の全身の肖像画とその息子フェリペ3世の肖像画（胸像）の他、アルカーサルの前庭にあったロマネスク様式の旧カテドラルの絵が見られる。

フェリペ2世は当時では長寿で71歳まで生きた。

「ガレー船の間」では、正面に白いドレスを着た女性を中心とする絵が描かれている。これはイサベル女王の戴冠式の絵だ。フェリペ2世の曾祖母にあたる最後のイスラム王国グラナダを取り戻した女王である。１４７４年、イサベルは、このアルカーサルから先ほど通ってきたセゴビアのマヨール広場まで出向いて「カスティーリャ女王イサベル1世」として戴冠した。

この部屋の窓から、カスティーリャの荒涼とした風景が見える。遠くに建っている教会は、「ラ・ベラ・クルス教会」で、13世紀にテンプル騎士団によって建てられたと言われている。

右手には2枚のステンドグラスが見られる。

1枚目のステンドグラスの絵は、エンリーケ3世とその家族、奥の方の絵は、14世紀のカスティーリャ（スペインの前身）王エンリーケ2世とそのかたわらで死ぬペドロ1世とファン1世が描かれている。

ガレー船の間

ここで、ペドロ1世とエンリーケ2世の戦いについて触れておきたい。ペドロ1世が残忍王と言われた理由であるが、異母兄のファドリーケや罪もない多くの貴族を処刑したことからそう呼ばれている。ペドロ1世は、「エル・クルエル（残忍王）」として知られている。

彼は、ブルボン公爵の娘であるブランシュ公女を王妃に迎えた。しかし愛妾のマリア・デ・パディーリャのもとに走り、ブランシュ王妃に対しては残忍な扱いをした。15歳で嫁いできた王妃は大変評判の良い妃であったが、残忍王によってあちこちの城塞に監禁された。そしてやつれてしまい、25歳の若さで原因不明の死を遂げた。

ペドロ王のこのような残虐さは、その出生に原因がある。彼の父はアルフォンソ11世で、1335年にペドロは王妃マリアとの間に生まれた。マリアはポルトガルの王女であった。

ところが、アルフォンソ11世にはすでにレオノーラという愛妾がいて、エンリーケとファドリーケという双子の男児がいた。結婚後もレオノーラは子を産み、9男1女をもうけた。そして、王妃マリアとペドロは王宮から遠ざけられ日陰の存在のように扱われた。

アルフォンソ11世は王としては偉大で、イスラム教徒からアンダルシアの領土の大部分を取り戻している。しかし、ジブラルタル攻略の最中、ペストで急死した。

キリスト教国では、嫡子の中から次王が選ばれる。アルフォンソ王とマリア王妃の間に嫡子はペドロしかいなかったので、彼が15歳で王位を継承することになった。

荒涼とした城外の景色

マリア王妃は前王に愛されていたレオノーレを幽閉し、殺させた。その後ペドロは、残忍な性格を現しだし、立場が悪くなった。

庶子とはいえ、前王にかわいがられ、貴族にも味方の多かった異母兄エンリーケは、フランスやアラゴンの援助を得てペドロ1世を破り、エンリーケ2世として王位を宣言する。

しかし、ガスコーニュ（フランス南部にあったイギリスの領土）に亡命したペドロは、イギリスのエドワード黒太子の援軍を伴って、カスティーリャに戻り、ナヘラの戦いでエンリーケを破って、再度、王位についた。しかし、領土を分け与えるというエドワード黒太子との約束を守らなかったため、エドワード黒太子は軍を引いてしまう。

1369年、フランスの援助を得たエンリーケは再度カスティーリャに侵攻し、モンティエルの戦いでペドロを殺害した。

庶子であったエンリーケが正式にエンリーケ2世としてカスティーリャの王位につき、その子孫たち（トラスタマラ朝）が後を継ぐ。その「子孫」がイサベル女王である。

「礼拝堂」では、フェリペ2世とアナ王妃の婚礼ミサが行われた。フェリペ2世は生涯で4度結婚したが、その最後の王妃がオーストリアのアナ王妃であった。4度の結婚でやっと後継に恵まれ、それが後のフェリペ3世となる。

先に説明したが、「ファン2世の塔」に上るには、あらかじめチケットを買っておく必要がある。塔の上まで152段の階段を上らなければならない。途中から、ものすごく狭い螺旋階段となるが、塔の上からの眺望は絶景である。セゴビアの旧市街や城外が一望できる。

ちなみにファン2世というのは、イサベル女王の父親である。フェリペ2世によってマドリードに宮廷が置かれてからは、このアルカーサルを生活の場として使用することはなくなった。それから18世紀までの2世紀もの間、牢獄として使用された。

スペイン・ブルボン朝時代の１７６２年に、カルロス3世がここを王立砲兵学校として使うことにした。城内の「王立砲兵学校博物館」で資料を見ることができる。１８６２年に火災にあったが、１８８２年から１８９６年にかけて修復された。

ディズニー映画白雪姫城のモデルだと言ったが、映画に登場する姿は、城の正面からの姿ではなく、北側の城外から眺めたものである。坂を下ってその場所まで行くことはできるが、もう一度上まで上るのは大変である。

ツアーでセゴビアに来たときは、たいてい写真スポットの広場でバスが待っていてくれるので、下から見上げた美しい白雪姫の城の写真を撮ることができる。

アビラ

2・5キロもある城壁で取り囲まれているアビラ（Ávila）は、マドリードから北西の方向に列車やバ

白雪姫のモデルとなった北側からのアルカーサル

スで1時間半ほどのところにある。

標高1117メートルの高さにある町を取り囲んでいるアビラの城壁は、1090年から1098年にかけて建てられたもので、88の塔と9つの門を持つ。また、アビラは、カトリックの聖女、聖テレサの修道院改革の中心となった町で「城壁と聖人の町」とも言われている。城壁に囲まれた「旧市街と城壁外の教会群」は世界遺産に登録されている。

チケットを購入して城壁の上を歩くことができる（一周はできない）。

また、城壁の外にあるクアトロ・ポステス7頁⑦（Cuatro Postes）に行けば、城壁に囲まれたアビラの街を展望できる。

イサベル女王とフェルナンド王には5人の子供がいたが、そのうちの一人息子ファン王子の墓は、アビラのサント・トマス王立修道院にある。この修道院は両王によって創立された。

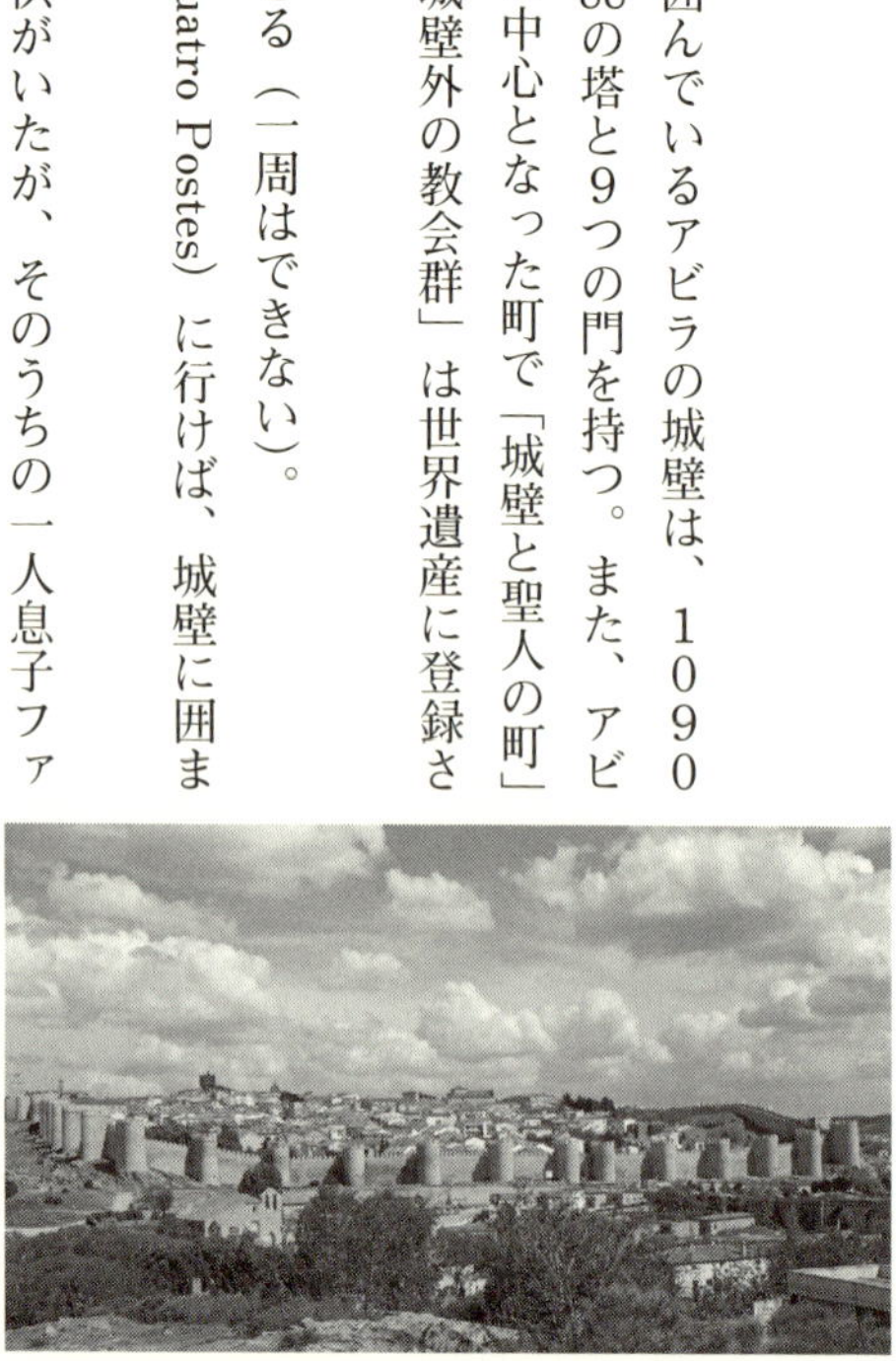

クアトロ・ポステスから見たアビラ旧市街

サラマンカ

大学の町として知られるサラマンカ（Salamanca）は、日本からもスペイン語の留学生が多く訪れる。

1218年に創立されたサラマンカ大学は、16世紀には留学生を含めて7千人の学生が学んでいた。

イサベル女王の息子ファン王子はサラマンカで亡くなり、遺体はしばらくカテドラルに安置されていた。カテドラルは大学の隣にある。このカテドラルは新カテドラル[8頁②]で、その裏側に新カテドラルに覆われるように旧カテドラルがある。12世紀に建てられた旧カテドラルはロマネスク様式で、16世紀から18世紀に建てられた新カテドラルはゴシック建築である。どちらも内部の装飾はすばらしい。

コロンブスは航海の研究のため、サラマンカ大学の天文学部に通った。カテドラルの東側にあるサンエステバン修道院に滞在した。

旧市街の中心にあるマヨール広場[8頁④]は、スペインで最も美しいマヨール広場と言われている。ライトアップされたマヨール広場は一見の価値があるので、サマランカに宿泊した場合は行ってみよう。

カテドラルからマヨール広場へ行く途中には、壁一面にホタテ貝の装飾が埋め込まれた貝の家[8頁③]がある（ホタテ貝については１３５頁参照）。この家はサンティアゴ・デ・コンポステーラへの巡礼者を守るサンティアゴ騎士団員ロドリーゴ・アリアスの邸宅であった。

標高８００メートルにあるサラマンカは、「黄金の町」のニックネームを持つ。サマランカ旧市街は、世界遺産に登録されている。

バリャドリード

ツアーではほとんど訪れないし、世界遺産でもないが、スペインの歴史の上で、

サラマンカ大学

非常に重要な町なので紹介しておきたい。

スペイン統一前の最も強大な国は、カスティーリャ王国だが、バリャドリード（Valladolid）は、カスティーリャ王国の首都（王宮があった都市）であった。

カスティーリャのイサベル女王とアラゴンのフェルナンド王が、１４６９年に結婚式を挙げたのが、このバリャドリードである。１５０６年にコロンブスが息を引き取ったのもバリャドリードであった。フェリペ２世は、１５２７年にバリャドリードで誕生し、サン・パブロ教会で洗礼を受けた。フェリペ３世は、１６００年から１６０６年まで、バリャドリードに首都を移した。１６０５年にはフェリペ４世もここで生まれている。

17世紀には、セルバンテスが56歳から60歳までの4年間ここで暮らした。その時の家が、「セルバンテスの家」として残されている。

ブルゴス

世界遺産のカテドラルがあるブルゴス（Burgos）は、セゴビアと同じカスティーリャ・レオン州にある。アルランソン川の側でバスを下車し、サンタ・マリア橋を渡り、サンタ・マリア門の前でガイドと合流した。サンタ・マリア門は、街をとり囲む城壁の門の一つである。もともと14世紀に造られたが、カルロス１世を迎えるため、16世紀に改築された。上段中央に、カルロス１世の像がある。その右側に、

「エル・シッド」の像がある。「エル・シッド」は、レコンキスタで活躍し、11世紀後半にイスラム教徒からバレンシア奪回を果たしたブルゴス出身の英雄である。エル・シッドの騎馬像は、アルランソン川の少し東へいった、サン・パブロ橋を渡ったところにある。

門をくぐると、サン・フェルナンド広場にカテドラルが建っている。ゴシック様式の建築である。カスティーリャ王フェルナンド3世の時代である１２２１年に礎石が行われた。コルドバがキリスト教徒によって奪回されたのが、同じフェルナンド3世の時代の１２３６年なので、それよりも15年前ということになる。

南スペインの多くの町にイスラム教のモスクがまだたくさんあった時代、北スペインではキリスト教の教会や大聖堂が次々と建てられていった。同じイベリア半島でありながら、歴史や文化の違いを感じる。

カテドラルの建築は途中で中断することもあり、１５６７年に完成、建築には３００年以上もかかった。入口上部には１２３５年に作られた美しいバラ窓がある。

内部には、23か所の礼拝堂があり、どの礼拝堂もとても素晴らしいが、その中でもイベリア半島最後のイスラム王国グラナダを奪回するときに活躍したベラスコ元帥を記念して造られた[8頁⑥]「元帥の礼拝堂」(Capilla del Condestable)が特に美しい。天井には星をかたどったス

エル・シッドの騎馬像

ブルゴス大聖堂

テンドグラスが輝いている。また、ダヴィンチの弟子でイタリア人画家ジャンピエトリーノによる「マグダラのマリア」の絵画もある。１５３０年頃に描かれた。

外陣には、「パパ[8頁⑦]モスカス（Papamoscas）」（直訳すると蝿おじさん）と呼ばれる仕掛け時計があり、毎時鐘が鳴って、人形の口が上下にパクパクと動く。

教会北側には、「黄金の階段」と呼ばれる16世紀に造られた美しい階段がある。フランスの建築家ガルニエがパリのオペラ座を設計した時のモデルとなった。この階段は、コロネリアの扉と連結しているため、コロネリアの階段とも言われる。現在扉は閉じられ、階段も通常は使われていない。コロネリアの扉（外側）は、キリストの12使徒の彫像がある。

エル・シッドと彼の妻ドーニャ・ヒメーナの墓所は、教会中ほどにある。

「では、この後少しフリータイムを取ります。このサン・フェルナンド広場でゆっくりするのもいいですし、少し行くと１２２１年に造られたマヨール広場もあります。マヨール広場には、市庁舎の建物があります。今日は天気がいいのでアルランソン川沿いの遊歩道を散歩するのも気持ちいいですよ。また、先ほどのカテドラルの中のパパモスカスの仕掛け時計を見たい人は、次は３時ですので、早めに入ってください」

北スペイン（アストゥリアス、カンタブリア、バスク、ガリシア）

この章で紹介する世界遺産
・オビエド歴史地区とアストゥリアス王国の建造物群（1985、1998）
・アルタミラ洞窟とスペイン北部の旧石器洞窟美術（1985、2008）
・サンティアゴ・デ・コンポステーラ旧市街（1985）
・サンティアゴ・デ・コンポステーラの巡礼路（1993）
・ビスカヤ橋（2006）

サンティアゴ・デ・コンポステーラの巡礼路「モンテ・ド・ゴソ（歓喜の丘）」

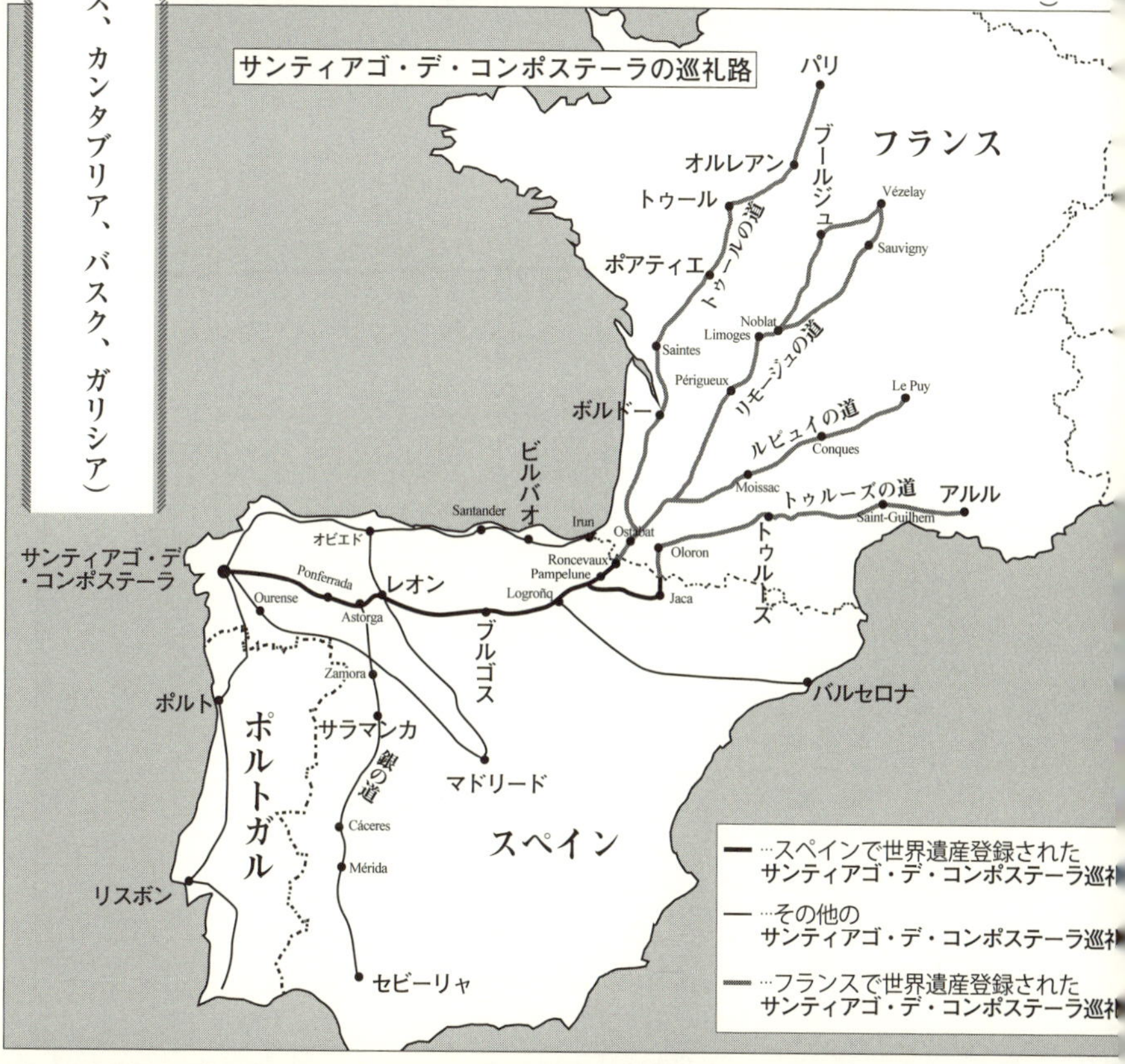

レオン

最近の北スペインが入ったツアーでは、レオンやオビエドに立ち寄ることもある。

レオンは、ブルゴスと同じカスティーリャ・イ・レオン州にあり、オビエドはアストゥリアス州にある。

レオン（León）は見どころがまとまっているので、個人でも回りやすい。駅からベルネスガ川を渡り、オルドーニョ・セグンド通りをまっすぐいくと、カテドラルまでは1キロ少々である。

レオンのカテドラル[8頁⑧]は町のシンボル的存在となっているゴシック様式の建築で、内部のステンドグラスも大変美しい。13世紀から14世紀にかけて建てられ、19世紀に大規模な修復がなされた。

カテドラルから少し西寄りには、サン・イシドロ教会[8頁⑨]がある。こちらはロマネスク様式のとても落ち着いた建築で、11世紀から12世紀にかけて建てられたので、こちらの方が歴史は古い。

建築には流行があり、ロマネスク様式の方が古く、10世紀から11、12世紀に流行った。ゴシック様式は、12世紀から13世紀に北フランスで始まり、その後瞬く間にヨーロッパで大流行した。ロマネスク様式のアーチが円い（円頭）のに対し、ゴシック様式は先がとがっている（尖頭）のが一つの特徴である。

この教会は、セビーリャの大司教聖イシドロに捧げられた教会で、レオン王国の王家の霊廟となっている。

さらに西にいくと、サン・マルコス修道院がある。現在、パラドールとしても使われているが、外観を見るだけでも価値がある。スペイン・ルネッサンス様式の珍しい建築であるが、正面（ファサード）

はゴシック・プラテレスコ様式の細かい装飾が美しい。後期ゴシック様式の教会も併設されている。

カテドラルから少し南へ歩くと、マヨール広場がある。周辺には多くのバールがあり、夕方から夜にかけて賑わう。もしレオンに泊まることができるなら、ぜひ行ってみよう。

また、ガウディの建築といえば、バルセロナやその周辺にしかないと思われがちであるが、レオンにもある。カサ・デ・ロス・ボティーネスという建物で、今は銀行として使われている。カテドラルからも近い。

レオンから西へ50キロほど行ったところにあるアストルガの司教館も、ガウディの作品として最近注目を浴びている。

オビエド

オビエド（Oviedo）のあるアストゥリアス地方は、イスラム教徒に征服された後、最初にキリスト教徒による国土回復がなされたところであり、後ほど訪れるグラナダなどのアンダルシア地方と異なり、キリスト教建築の歴史がとても古い。

最初に誕生した王国がアストゥリアス王国で、７９４年にオビエドが首都と定められた。日本の歴史では平安京に遷都した年と同じ年である。

アストゥリアス王国は、その後発展してレオン王国となる。

サン・サルバドル大聖堂（©Rodrigouf）

オビエドの見どころはカテドラル（サン・サルバドル大聖堂）で、13世紀に建設が始まり、最後に塔が完成したのが16世紀のことである。カテドラルに併設されている「カマラ・サンタ」（聖なる部屋）は、9世紀にアストゥリアス王アルフォンソ2世によって建てられた。「天使の十字架」と呼ばれる宝物が保存されている。カマラ・サンタは「オビエド歴史地区とアストゥリアス王国の建造物群」として世界遺産に登録されている。

アルタミラの洞窟（サンティリャーナ・デル・マール）

スペインの世界遺産の中でも最も古い歴史を持つ「アルタミラの洞窟」は、1985年にユネスコの世界遺産として登録され、2008年に周辺のバスク、アストゥリアス、カンタブリアの17か所の洞窟と共に、世界遺産登録が拡張された。世界遺産の正式名は、「アルタミラ洞窟とスペイン北部の旧石器時代洞窟壁画（Cueva de Altamira y Arte rupestre paleolítico del norte de España）」である。

アルタミラの洞窟は、北スペインのカンタブリア州の小さな町、サンティリャーナ・デル・マールの郊外にある。サンティリャーナ・デル・マールの町もとてもかわいい町なので一緒に見学したい。

今回は、現地のガイドと、洞窟（博物館）近くの駐車場で合流しての見学となった。アルタミラの洞窟（レプリカ）は、一度に見学できる人数が20人と限られていて、人数が多いときは、前半と後半

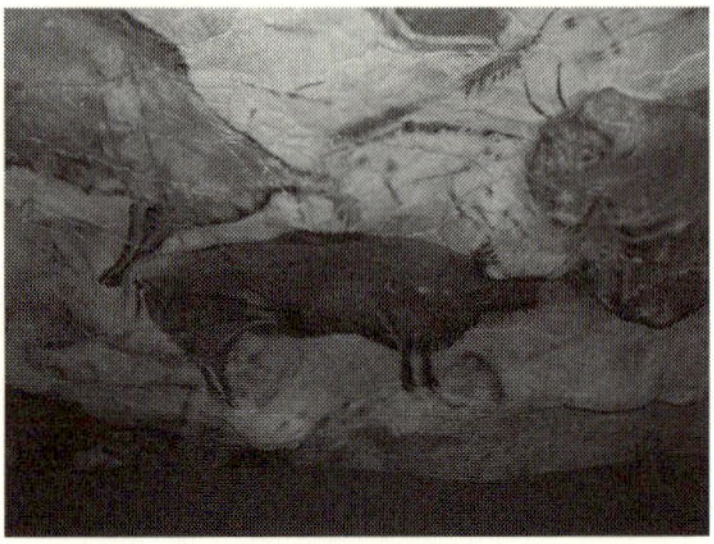
アルタミラの洞窟壁画複製（© MatthiasKabel）

のグループに分かれて見学することになる。待っている間は、博物館内を見学することもできる。

１８６８年、クビーリャという男が狩りをするために猟犬と共にこの辺りを通ったとき、犬が岩の間に落ち、それを救おうとしたとき、偶然に洞窟を見つけた。18世紀から、すでに考古学はかなり盛んになっていたが、この辺りのカルスト地形では、洞窟が一つ見つかったくらいではニュースにならなかった。

彼は、この話を古生物学マニアのサウトゥオーラ侯爵に伝えた。彼は１８７６年にそこへ行ってみたが、人間が創ったものでなく、重要性を感じなかった。それから3年後の１８７９年の夏、サウトゥオーラは、もう一度ここへやって来た。この時は、8歳になる娘マリアと一緒に来ていた。彼は、１８７８年のパリ万博で見た物体のような骨の残骸や、火打石を見つけることが目的であったので、洞窟の入口辺りにいたが、マリアは洞窟の中に入ってしまい、その中の広い空間のところまで行った。

そこでマリアが見たものが、洞窟の天井に描かれている牛などの絵であった。早速外へ走り出て父親のところへ行った。「パパー！　見て！　牛、牛よ！」

サウトゥオーラが中に入ると、円い天井ほぼいっぱいに、牛やシカ、バイソンなど動物の絵が描かれていた。

翌１８８０年、サウトゥオーラは短い論文を発表した。サウトゥオーラは、有史以前のものだと考えて発表したが、マドリード大学の教授が彼の説を支持してくれただけで、あまり信用してもらえなかった。特に、フランス側の学会からは、売名行為だと言われ、認められなかった。

数年後は、サウトゥオーラの説は科学的に証明され（残念ながらサウトゥオーラの死後）、似たような洞窟も次々と発見される。フランスのラスコーは近年の研究によると１９４０年（60年後）、少年たちによって発見された。

洞窟の天井画は､野牛、シカ、イノシシなどが、赤、茶、黄土色で描かれている。動物の骨を燃やして作った黒い顔料で、輪郭が描かれた。

スペインの美術の専門家によると、描いた人の一人は、ピカソほどの才能の持ち主であったといわれる。

迷路のような洞窟のあちこちに描かれた動物たちは、簡単な落書きのようなものまで入れると全部で１５０もあるという。クロマニョン人によって､何人もの人々が何世紀にもわたって描いたとされる。今から３５６００年前から１３０００年前くらいまでの2万2千年もの間、洞窟が使われたといわれる。そして、彩色壁画の残る洞窟は、儀式に使われていたとされる。

また、狩りに出るとき、仲間の猟の成功を動物の絵の前で祈っていたと推察されている。

アルタミラの洞窟は、１９１７年から一般公開された。

１９２４年には、国の記念物とされ、この時から一気に訪問客が増えた。１９６０年から７０年には更に客が増え、１９７３年には１７４０００人に達した。しかし、そのため、壁画の絵の色彩の損傷が見られ、美しさが保たれなくなった。アルタミラを閉鎖するかどうかという討論が行われ、１９７７年に一度、閉鎖されたが、５年後の１９８２年に年間８５００人までという入場制限をして、予約制で再オープンした。しかし、あまりの人気で、予約がなかなか取れず、長い間待機（1年以上も！）という状態が続き、ついにレプリカを作る必要に迫られた。2001年に、洞窟のすぐそばに、建築家ファン・ナバロ・バルデベグによって、アルタミラ博物館が誕生した。15000年ほど前の、まるでオリジナルと思えるかのような壁画が再現された。マドリード大学の美術科の女性教授マティルデ・ムスキスと、写真科の正教授ペドロ・サウラによって、洞窟の大天井画が製作された。

アルタミラ見学後は、バスでサンティリャーナ・デル・マールの町へと行き、町の中心地マヨール広場まで少し散策をした。広場の市庁舎前には、パラドールがあり、ここで昼食を摂った後、バスク地方のビルバオへと出発した。

バスク地方

バスク地方では今回、ビルバオとサン・セバスチャンの2都市を訪れた。

バスク（País Vasco）とは、スペインのバスク州、ナバラ州、フランスのピレネー＝アトランティック県、この3州を総称してバスク地方という。つまり、バスク語を話す人がいる地方である。

バスク語では、バスクのことをエウスカディ（Euskadi）という。

言語（バスク語）は、周辺のスペイン語やフランス語などのラテン語とは全く異なり、また、ヨーロッパの他言語(ゲルマン語、スラブ語)とも異種の言語で、起源はよくわかっていない。バスク人は、インド・

ヨーロッパ語族がヨーロッパにやってくる前から、この地に住んでいた。バスク語は文字を持たなかったため、アルファベットを導入した結果、ラテン語系の影響を強く受けた。現在のバスク語は、スペイン語やフランス語からの借用語が多い。

ローマ帝国の支配がイベリア半島に及んだ時も、この地方まで及ばなかったため、独自性を維持し続けたといわれる。バスクの人々はこの地を守ることに命を懸けていたため、ローマ帝国がスペイン全体を侵略した時も、攻め入ることが出来なかったという。そのため、他のスペインの地域とは違って、長い間ラテン民族の支配を受けずに独自の文化が育まれた。

スペインは、１９３０年代の市民戦争後はフランコ将軍の独裁政治が続いた。その時代はバスク語も禁止された。

フランコ将軍が１９７５年に死去してからは、市民のための新しい国としての始まりとなる。看板も、バスク地方では、バスク語↓カスティーリャ語（スペイン語）と2言語で書かれている。

「鎖国」状態だったスペインに、外国からの文化がなだれ込んでくる。特に、隣のフランスからは食文化が入ってくる。それが、ヌーベル・クイジーヌ（新しい料理）といわれるもので、後にスペインでヌエバ・コシーナと呼ばれるようになった。バスク地方は、山があり緑が多く農作物が豊富で、海もあるので魚介類も豊富、そこにフランスからの食文化も混ざり、まさにグルメの地方なのである。

スペインの他地域に住んでいる人も、食べ物がおいしいと言えばバスク地方、と声をそろえて言う。グルメの話については、後ほどサン・セバスチャンに行くときにお話ししたい。

フランコ政権時代の１９５９年に、バスク人居住地域を一つの独立国家として分離させることを目的に結成されたのが、「バスク祖国と自由」（ＥＴＡ＝ Euskadi Ta Askatasuna）である。これまでに、ＥＴＡは何度もテロ活動を行っている。

フランコ政府の首相カレロ・ブランコは、１９７３年に、ＥＴＡのテロによって暗殺された。ＥＴＡによるテロの犠牲者は毎年50人くらいで、多いときには１００人近くになることもあった。これまでのトータルは８００人以上もいるらしい。１９９０年代、筆者がスペインを頻繁に訪れていた頃は、バスクでのＥＴＡによるテロのニュースをよく聞いた。バスク地方は治安が悪いので観光客は行かないというイメージもあった。バスク地方に及ばず、グラナダをバスで通過中も、ＥＴＡによるテロで爆撃されたアパートの前を通ったこともある。２０１１年10月20日、40年以上に及ぶ武装闘争の終結を宣言した。さらに２０１８年5月3日、ＥＴＡの解散声明を発表した。

ビルバオ

ビルバオ（Bilbao）はバスクの中心都市で、人口35万人ほどであるが、周辺地域を合わせると、１００万人が住む。これは、バスク全体の約半数である。

（ビスカヤ橋）

ビルバオの町の中心地から少し外れたところにある世界遺産ビスカヤ橋の近くで現

ビスカヤ橋

地のガイドと合流して、観光が始まった。

1887年から1893年にかけて造られた世界で初めての運搬橋で、ネルビオン川にかかる。

「この橋を設計したのは、ビルバオ出身のバスク人エンジニア、アルベルト・デ・パラシオです。彼はパリのエッフェル塔の設計者であるエッフェルさんの弟子でした。橋の構造は、2本の鉄の塔がたち、そこに鉄の橋が架けられています。船の通行を妨げないように高さは61メートルもあります。橋の長さは160メートルで、ゴンドラが、橋の上から鉄のワイヤーでつりさげられています。このゴンドラに人や車を乗せて川の対岸に移動させています。ゴンドラには、どのくらいの人が乗れると思いますか。何と、自動車6台と人間は300人が乗れるのです。対岸までの移動時間はたったの1分半くらいで、乗り換え時間は8分です。1日24時間、1年365日活動しています。橋の上は歩道となっているので歩いて渡ることもできるのですよ。この橋がないと、20キロの回り道をしなければならないので、大変ありがたい存在です。内戦で一度爆破されましたが、修復されました。2006年に世界遺産として登録されました」

ビスカヤ橋を見学した後、町の中心部へと移動し、ビルバオ・グッゲンハイム美術館の見学となった。

ビルバオ周辺では、19世紀に鉄鉱石が発見されたので、19世紀から20世紀半ばにかけてバスクの「産業革命」の中心となった。

鉄鋼業、造船業に加えて金融業も発達したので、20世紀の初めには、スペインでもっとも裕福な都市の一つとなった。ところが、1970年から80年代には経済危機でこれらの産業は衰える。

９０年代からは、新しい都市を創造するという概念ができた。

そうしてできたのが、「ビルバオ・グッゲンハイム美術館」である。

（ビルバオ・グッゲンハイム美術館）

「では、これからグッゲンハイム美術館に入りますが、到着前に、この美術館の歴史を少しお話ししておきます。グッゲンハイム美術館といえば、アメリカのニューヨークにあるのをご存知ですか。実は、ビルバオの美術館は、ニューヨークのソロモン・R・グッゲンハイム財団が設立したグッゲンハイム美術館の分館の一つなのです。他に、ヴェネチアやラスベガス、ベルリンにもグッゲンハイム美術館はあります」

ビルバオの美術館は、ネルビオン川沿いに建っている。

「ここは元々、工業地区だったのです。ビルバオは工業の町でしたが、９０年頃にはだいぶ衰退していました。この老朽化した地区に、１９９１年、バスク州の政府は、ニューヨークのソロモン・グッゲンハイム財団に美術館の建設を提案しました。バスクは、建築費用１００億円や、作品の購入や展示会などにさらに数10億円の補助することを承諾しました。グッゲンハイム財団は、誰も見たことがないような、ユニークなデザインを美術館に求めました。そして、建築家を選ぶためのコンペが行われました。各国から有名な建築家が参加し、日本からもスペインで人気の磯崎新さんが参加しました。最終的に選ばれたのは、アメリカ人建築家フランク・ゲーリーでした。ゲーリーは、ウォルト・ディズニー・コンサートホールなども設計し、建築分野のノーベル賞とも言われる「プリツカー賞」も受

グッゲンハイム美術館

賞している人です。ゲーリーにとって、美術館の設計は初めてでしたが、１９９３年にデザインを提示して、同じ年の10月22日に起工式が行われました。そして、１９９７年の10月18日に美術館がオープンしました。前夜には、ビルバオ市民５０００人もが、プレ・オープンイベントに参加しました。当日は、当時の国王ファン・カルロス１世によって開館宣言されました。３２５００平方メートルという甲子園球場の総面積の８割ぐらいの広さのところに建てられました。建物の面積は２４０００平方メートルです。作品は、グッゲンハイム財団の現代美術コレクションの中から選ばれた作品で、有名なのは、リチャード・セラの「Snake」（へび）で、長さが１０２メートルありますので、ぜひ見てください。バスク人の芸術家の作品は常設の30パーセントほどで、アメリカに活動の拠点を置いている人が多くいます」

ヨーゼフ・ボイスや、バスキア・デ・クーニングなどの作品が展示されている。

開館後すぐに人気になり、海外からも観光客が増えた。周りの店も、土、日は閉まっていたところがオープンするようになり、商店も増えた。

最初の３年間で４００万人を集め、５億ユーロ（５００億円以上）の経済効果を与えた。美術館建築費の10倍の７億７５００万ユーロをもたらした。３年で投資額を回収したことになる。５年で５１５万人が訪れた。年間１００万人ほどが訪れるスポットとなった。

ビルバオの活性化の一環として建てられた美術館は、経済効果をもたらして成功した。「ビルバオ効果」「グッゲンハイム効果」といわれる。

映画「007ワールド・イズ・ノット・イナフ」（1999年）では、ビルバオ市街地が舞台で、冒頭のところで美術館が登場する。

美術館内では、最初にガイドが案内をした後、自由に見て回った。美術作品だけでなく、ここでは建物の外観そのものも見どころなので、外を散策して写真を撮っている人も多かった。

サン・セバスチャン

ビルバオで宿泊した翌日は、サン・セバスチャン（San Sebastián）を訪れた。現地のガイドと合流後、モンテ・イゲルドの丘に登った。

サン・セバスチャンには、モンテ・イゲルドとモンテ・ウルグルという2つの丘があり、この2つの丘がコンチャ海岸を挟むようにして向き合っている。モンテ・イゲルドには展望台があり、そこから見下ろすコンチャ海岸の眺めはすばらしい。

途中でバスを下車して、ガイドの案内で展望台まで上った。近くには遊園地やレストランもある。

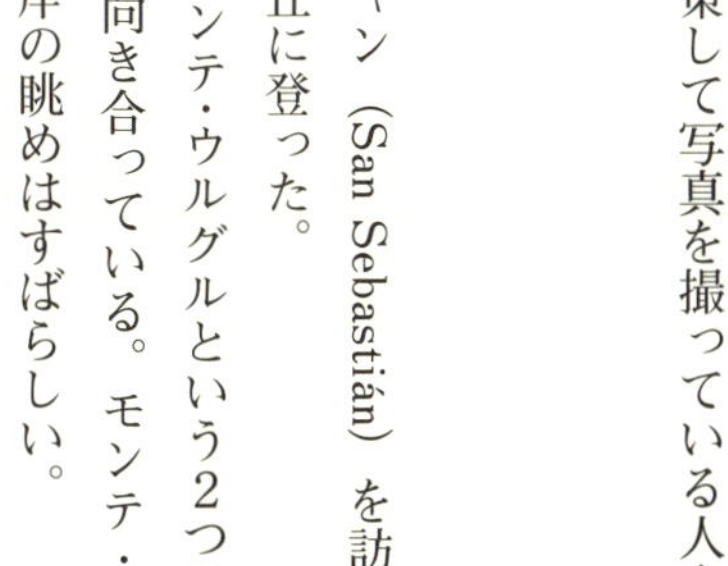
モンテ・イゲルドから眺めるサンタ・クララ島

「サン・セバスチャンは、バスク語では『ドノスティア（Donostia）』といいます。人口は18万くらいです。このモンテ・イゲルドの丘は、高さが181メートルあります。ケーブルカーで来ることもできるのですよ。下に見えるのは、コンチャ湾です。コンチャ海岸はビーチリゾートになっていますので、夏になるとバカンス客が多く集まります。コンチャ湾のまん中に島が1つ見えますね。サンタ・

クララ島といいます。淡路島の1万分の1の大きさという大変小さな島ですが、急斜面で高さが48メートルあります。昔は、ビーチとつながっていて、半島のようになっていたらしいですよ。夏になると、島に行くボートが出ています。島の桟橋付近にもビーチがあり、ピクニックを楽しむ人もいます。島にはレストランもあります」

コンチャ海岸の方のビーチは、オンダレタビーチと呼ばれ、600メートルの長さがある。

「コンチャ海岸沿いにはミラマール宮殿があります。ミラマール宮殿は、19世紀に王妃マリア・クリスティーナによって建てられたものです。マリア・クリスティーナは、前国王ファン・カルロス1世のひいおばあさんになります。ビーチには遊歩道があり、マリア・クリスティーナの像があります」

サン・セバスチャンの町は、19世紀には、戦争の舞台となったところでもある。

カルロス4世の長男、フェルナンド7世は、3回結婚したが子に恵まれなかった（マドリードのプラド美術館、ゴヤの絵に登場）。そのため、次の王は、弟のカルロスだろうと思われていた。しかし、フェルナンド7世は4回目の結婚で、王女が生まれる。王女は「イサベル」と名付けられた。元々スペインは、昔のフランク王国時代からのサリカ法によって、王位の女子相続は禁じられていた。フェルナンドはそれを破棄して、3歳のイサベル王女を、母の摂政のもとで、イサベル2世として即位させる。

その3日後、弟カルロスは、自らが王カルロス5世を名乗って、自分の支持派「カルリスタ」に呼びかけて全国で反乱を起こした。これが1833年に起こった第1次カルリスタ戦争であった。カルリスタ戦争は1876年の第3次カルリスタ戦争まで断続的に43年間続くが、この戦争は実質的には、近代化を求める勢力と封建的な権利を守ろうとする勢力（カルリスタ）との戦いであった。

サン・セバスチャンは、カルリスタたちの拠点であった。しかし、イサベル2世をスペイン女王と認める宣言をしたため、カルリスタ軍はこの町を攻撃した。そのため、町には古い建物が少ない。16世紀のサン・ビセンテ教会と、18世紀のサンタ・マリア教会が共に2つの塔と共に残されている。

イサベル2世の時代には、政変やクーデターが繰り返し起こった。1868年にはカルリスタ戦争の英雄フアン・プリム将軍がクーデターを起こして政権を掌握し、イサベル2世はフランスに亡命した。

プリムは、1870年11月、イタリア・サヴォイア家からアマデオ1世を新国王として迎えた。しかし、その年の12月にプリムが暗殺される。混迷を深めるスペインに嫌気がさしたアマデオ1世は1873年2月に自ら退位してイタリアに帰っていった。その後、共和制となったが国内は安定せず、1874年にイサベル2世の息子アルフォンソ12世が即位することによって王政が復古した。アルフォンソ12世は自由憲法を認め、また反対勢力との融和に努め、多くの国民の支持を得て国内は安定した。

アルフォンソ12世は、ハプスブルク出身のマリア・クリスティーナと結婚。ところが、息子の誕生前に、12世は死去する。生まれた王子アルフォンソが、アルフォンソ13世となる。

王妃マリア・クリスティーナは、アルフォンソ13世の摂政となった。王妃はサン・セバスチャンの町が気に入り、夫である王アルフォンソ12世の死後、ミラマール宮殿を建てた。

ミラマール宮殿は、1889年にイギリスの建築家によって設計された、英国風の宮殿である。1893年に完成した。宮殿からは、コンチャ湾やサンタ・クララ島を一望でき、マリア・クリスティーナは35歳の時から死去するまでの35年間、ほとんど毎年、夏の間はここで過ごした。小さな国王アルフォンソ13世も母親と一緒に滞在した。王妃の死後、宮殿はアルフォンソ13世に引き継がれた。

現在宮殿は、サン・セバスチャン市のものとなっており、庭園をはじめとする一部は一般に公開されているほか、バスク大学や音楽大学としても使われている。

「このモンテ・イゲルドのケーブルカーも、マリア・クリスティーナ王妃によって、1912年に作られました。バスク初めてのケーブルカーです。向こうに見えるもう一つの丘は、モンテ・ウルグルです。123メートルの丘で、12世紀に要塞として建てられたモタ城があります。20世紀から観光地化され、1950年には、高さ12メートルのキリスト像が建てられました。丘のふもとには、サンタ・マリア教会があり、歩いて上ることもできます」

サンタ・マリア教会の辺りからが町の中心となる。

サン・セバスチャンといえば、グルメの町として、スペイン国内のみならず、世界中から注目されている。ビルバオと違い、サン・セバスチャンには、世界遺産はない。大都市でもない。人口もビルバオの半分ぐらいである。

北スペインは雨が多いが、それを逆手にとって、「グリーン・スペイン」(España verde)と名付けた観光キャンペーンをしている。この後訪れるアンダルシア地方は、乾燥していて緑が少ないが、北スペインは山が多く緑が多い。緑のスペインは水が豊富でおいしい野菜が採れる。さらに、この地域は海もあるので海の幸も豊富だ。そんな好条件をもとに、バスク地方の食文化は開花した。素材が良いところに、フランスからの食文化の影響が加わり、伝統的なバスク・スペイン料理に、素材を生かして新しいアイデアをたくさん取り入れた、ヌエバ・コシーナ（新しい料理）が生み出された。

「サン・セバスチャンのすばらしいところは、料理のレシピをレストランの秘密にするのではなく、レシピを公開し、教えあうということによって、町全体をグルメの街に仕上げていったところです。いくらおいしいお店でも、一つのお店に集まる人数というのは知れていますよね。それに、そのお店の人気がずっと続くとは限りませんよね。他の町においしいお店ができれば、その町にさえ来なくなるという恐れもあります。そこで、町全体がおいしいという評判を流せるようにしたのです。お店一つだけでは、その町にそれほどの観光客は来ませんが、おいしいレストランがたくさん集まる町と評判になれば、多くの人たちが来てくれます。そうすることによって、サン・セバスチャンはグルメの町として成功したのです」

三ツ星レストランなど星付きのレストランをはじめ、多くのレストランやバールが立ち並ぶ。

旧市街の中心にある「フェルミン・カルベトン通り（通称バル通り）」(Fermín Calbetón Kalea) は、路面飲食店が世界一密集する通りである。

「では、いよいよ今からグルメの町の中心地へと行きます。バスは町の中まで入ることができませんので、劇場の近くでバスを降りていただき、少し歩いていただきます。市場まで案内しますので、その後は、フリータイムとなります。今日はお昼が含まれていませんが、たくさんレストランや

フェルミン・カルベトン通り

バールがありますので、ゆっくりお食事を楽しんでください」

ビクトリア・エウヘニア劇場の前でバスを下車、ガイドの案内で、ラ・ブレチャ市場（la Bretxa）まで行った。町の中心地にあり、外にも地下にも多くの食材が並んでいて、地元の客や観光客でとても賑わっていた。見て歩くだけでも楽しいところだ。

市場見学の後は、2時間のフリータイムがあるので、それぞれ自由に昼食をとった。バールは、昼からのところもあれば、朝からオープンしているところもある。

バールというと、お酒を飲んでおつまみを食べるだけというイメージがあるが、本格的な料理の注文もできるし、デザートもおいてある。

おつまみは、通常タパスといわれるが、ここでは「ピンチョス」と呼ばれる串に刺したものが多い。今ではどちらもおつまみという意味で使われているが、ピンチョスは、先のとがった針や串を指す。スライスしたパンの上に料理を載せ、落ちないように串で上から刺してある。

今回のツアーでは、食事の後、ショッピングを楽しんだという人もいれば、バールを4件はしごしたという人もいた。

サン・セバスチャンには、男性専用の「美食倶楽部」が、町に100軒以上も存在する。メンバーであればそこを使うことができる。キッチンとテーブルなどが置かれているところで、男性の会員が集まって料理を作り、食べて飲みながらゲームをして楽しむところである。

サン・セバスチャンでは、1999年に世界初の料理学会が行われた。「サン・セバスティアン・ガストロノミカ」（San Sebastian Gastronomika）と呼ばれ、毎年秋に開催されている。

また、２０１１年に開校した4年生の大学の卒業資格が取れるという料理学校がある。うどんで有名な四国の丸亀市と姉妹都市の提携をしている。

サンティアゴ・デ・コンポステーラ

サンティアゴ・デ・コンポステーラの巡礼路

サンティアゴ・デ・コンポステーラのあるガリシア地方は、ちょうどポルトガルの北側に位置している。ポルトガルツアーには、サンティアゴ・デ・コンポステーラ（Santiago de Compostela）まで足を延ばすツアーもある。

サンティアゴとは、スペイン語でキリストの使徒（弟子）の一人「聖ヤコブ」のことである。

サンティアゴ・デ・コンポステーラ巡礼路と道標

聖ヤコブは、キリスト昇天後、ローマ帝国の属州であったイベリア半島（ヒスパニア）に渡ってキリスト教の布教活動をしたと伝えられている。その後、エルサレムへと戻るが、西暦41年から44年ごろ、ユダヤ王ヘロデ・アグリッパの迫害によって斬首された。遺骸はイベリア半島に運ばれ、埋葬されたといわれる。当時のローマ帝国はキリスト教を認めていなかったので、キリスト教徒は何度も迫害され、聖ヤコブの墓もどこにあるか忘れ去られた。

キリスト教がローマの国教となったのは4世紀である。ローマ帝国滅亡後、イベリア半島はキリス

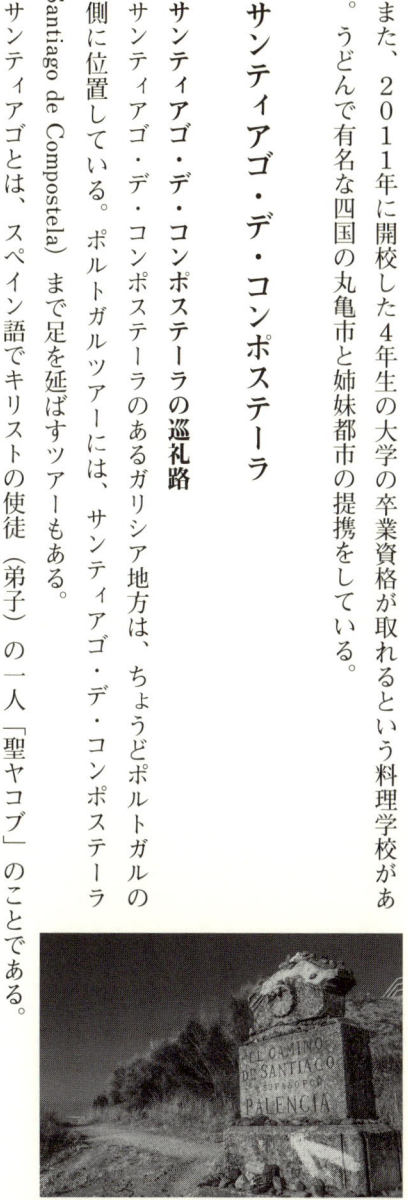

ト教を国教とする西ゴート王国が支配した。

しかし、711年にはイスラム教徒が侵入してきて、瞬く間にイベリア半島全体を支配下に置いた。

その後、キリスト教徒がイスラム教徒から国土を取り戻すために行ったのがレコンキスタである。

レコンキスタは、北部アストゥリアス地方から始まり、722年にコバドンガの戦いでキリスト教徒が勝利し、アストゥリアス王国が建国された。

アストゥリアス王アルフォンソ2世(759~842年)の時代、「コンポステーラ」で聖ヤコブの墓が発見されるという奇跡が起こった。814年、ガリシアのある隠者に聖ヤコブの墓があるというお告げがあり、司教が信者たちとその場所へ行くと、大理石で覆われた墓を発見したのである。

アルフォンソ2世は、その場所に教会を建てさせた。それが、サンティアゴ・デ・コンポステーラのカテドラル(大聖堂)の始まりである。

844年、イスラム教徒との「クラビーホの戦い」で、聖ヤコブが戦士の姿で現れ、イスラム軍を撃墜したという伝説が生まれた。聖ヤコブはレコンキスタにおける守護聖人となった(ちなみに、敵に攻め込むときに叫ぶ「突撃!」という言葉は、スペインでは「サンティアゴ!」である)。

この奇跡によって、サンティアゴ・デ・コンポステーラは、ヨーロッパから多くの巡礼者が訪れる聖地となった。

サンティアゴ・デ・コンポステーラは、ローマやエルサレムとともにキリスト教の三大聖地である。

11世紀にエルサレムがトルコ人の支配下に入ると、ヨーロッパからのエルサレムへの巡礼が難しくなったため、ローマやサンティアゴを目指すようになった。

最初のころ、巡礼者は主に貴族や騎士階級であったが、12世紀から15世紀にかけて巡礼はピークとなり、毎年50万人もの人が押し寄せた。16世紀の宗教改革後に巡礼者は減ったが、18世紀にスペインのブルボン王朝が始まると、フランスとのつながりが強くなり、巡礼者も増えた。

巡礼者はホタテの貝殻を持参して、これを皿の代わりにして食べ物を恵んでもらったため、ホタテが巡礼者のシンボルになったといわれる。現代の巡礼者も、ホタテをリュックにつけて歩いている。また、巡礼者が道に迷わないように道標には、必ずホタテ貝のマークが目印に使われている。

巡礼者は昔も今も歩いて巡礼する。つまり陸路を通るので、他国からの場合はフランスを通ってスペインへ入ることになる。フランスからの主要な巡礼路は4つある。「トゥールの道」、「リモージュの道」、「ルピュイの道」、「トゥルーズの道」である。巡礼路には、11、12世紀に、たくさんの教会が建てられた。その当時流行していたロマネスク様式で建てられた教会が多い。

ピレネーを越えてスペインに入ると、ブルゴス、レオンなどを通り、終点サンティアゴまで８００キロの距離である。

ツアーでサンティアゴを訪れたときに立ち寄るのが「モンテ・ド・ゴソ（Monte do Gozo）」（歓喜の丘）である。モンテ・ド・ゴソは、サンティアゴまで残り5キロの地点で、長旅をしてきた巡礼者が初めて大聖堂の鐘楼を目にするところで、巡礼者の像が大聖堂の方角を指差している（１１５頁扉写真）。

リュックにつけられたホタテ貝

他に、世界遺産には含まれないが、スペイン南部からセビーリャを出発点として、メリダ、カセレス、サモラを通る「銀の道」がある。

「サンティアゴ・デ・コンポステーラ巡礼路」同様、日本の「熊野古道」も「道」が世界遺産になっているので、ガリシア州と和歌山県は「姉妹道」の提携を結んでいる。

今では、熊野古道や高野山を訪れるスペイン観光客も増えている。

サンティアゴ・デ・コンポステーラ大聖堂

最初に建てられた教会は小さなものだったが、聖ヤコブ信仰が盛んになり、巡礼者が増えた9世紀末に、アルフォンソ3世によって建て直された。その後、イスラム教徒によって破壊されるが、再建される。

1075年のアルフォンソ6世（カスティーリャ・レオン王）の時代に、新しい大聖堂が建てられることになった。それが、現在見られるカテドラルである。

1211年に建物を聖なるものにするという献堂式が行われ、完成した。基本は丸いアーチが特徴のロマネスク様式であるが、17世紀に、バロック様式の装飾で覆われて、姿を変えた。

ヨーロッパの教会の祭壇は、通常、キリストの聖地エルサレムの方角であり日が昇る東側にある。そのため、入口は教会の西側にあることが多い。このカテドラルも、西口が正面入口で、門は18世紀に造られたバロック様式である。入口側の広場はオブラドイロ広場という。

サンティアゴ・デ・コンポステーラ大聖堂

内部に入って、まっすぐ突き当りに中央祭壇があり、聖ヤコブの像が祀られている。

聖ヤコブの柩は、祭壇の左の階段を下りた地下礼拝堂にある。

聖堂の東側、祭壇に向かって右手の方にある入口は、普段は閉じられている。「免罪の門」（聖なる門とも呼ばれる）と言われるこの扉は、1611年に造られた。聖ヤコブの祝日の日7月25日が日曜日と重なる年は、「聖ヤコブ大祭年」で、その日だけ開けられる。前回は2010年であった。次は2021年である。免罪の門の外側は、キンターナ広場と呼ばれる。


（ボタフメイロ）


大聖堂で行われる「ボタフメイロ」の儀式も有名で、この儀式を見るためにサンティアゴへやってくる観光客も多いが、いつも見られるとは限らない。

ボタフメイロ（Botafumeiro）とは、ガリシアの言葉であるが、「大香炉」と訳されている。

昔、巡礼者たちはあまり体を洗うことができなかったため、サンティアゴに着いた時に香を用いて体の異臭を消していたのが、この儀式の始まりである。

この大香炉は1・5メートルほどの高さがあり、植物のアーティチョークのような形をしているので、スペインでは「アルカチョファ（アーティチョーク）」のあだ名がある。この中に香を入れる。香の量によって重さは異なるが、80キロくらいあると言われる。これを、赤いロープを着た男性8人が天井からロープで吊るして20メートルの高

ボタフメイロの儀式

さまで引き上げ、ロープを引っ張りながら、天井からぶら下がった空中ブランコを揺らすように、時速70キロの速さで大香炉を振り回す。

ボタフメイロの儀式が必ず見られるのは、左に記した年12回のカトリックの祝日のほか、聖年の毎週日曜日正午のミサの時である。

〈年12回の祝日〉

1月6日（エピファニー）、復活祭の日曜日（毎年変わる）、キリスト昇天の日（復活祭の40日後）（毎年変わる）、聖霊降臨祭（ペンテコステ、5月から6月くらい、毎年変わる）、5月23日（クラビーホの戦いの記念日）、7月25日（聖ヤコブの日）、8月15日（マリア被昇天の日）、11月1日（全聖人の日、死者の日）、聖霊降臨節（11月下旬）、12月8日（聖母マリア無原罪の日）、12月25日（降誕祭）、12月30日（聖ヤコブの遺骸移転の日）

その他、信者や巡礼者が前もって申し込み、３００ユーロ以上献金のあったときも行われるようだ。

ボタフメイロは、12時のミサの時に行われることが多いので、早めに行って待っていたほうがいい。運がよければ、大きな巡礼者グループが献金して、ボタフメイロを申し込んでいるかもしれない。

アンダルシア

ヘネラリーフェからアルハンブラ宮殿を望む

この章で紹介する世界遺産
・コルドバ歴史地区（1984、1994拡大）
・カリフ都市メディナ・アサーラ（2018）
・セビーリャのカテドラル、アルカーサル、インディアス古文書館（1987）
・アルハンブラ宮殿、ヘネラリーフェ、アルバイシン（1984、1994）

グラナダ主要部

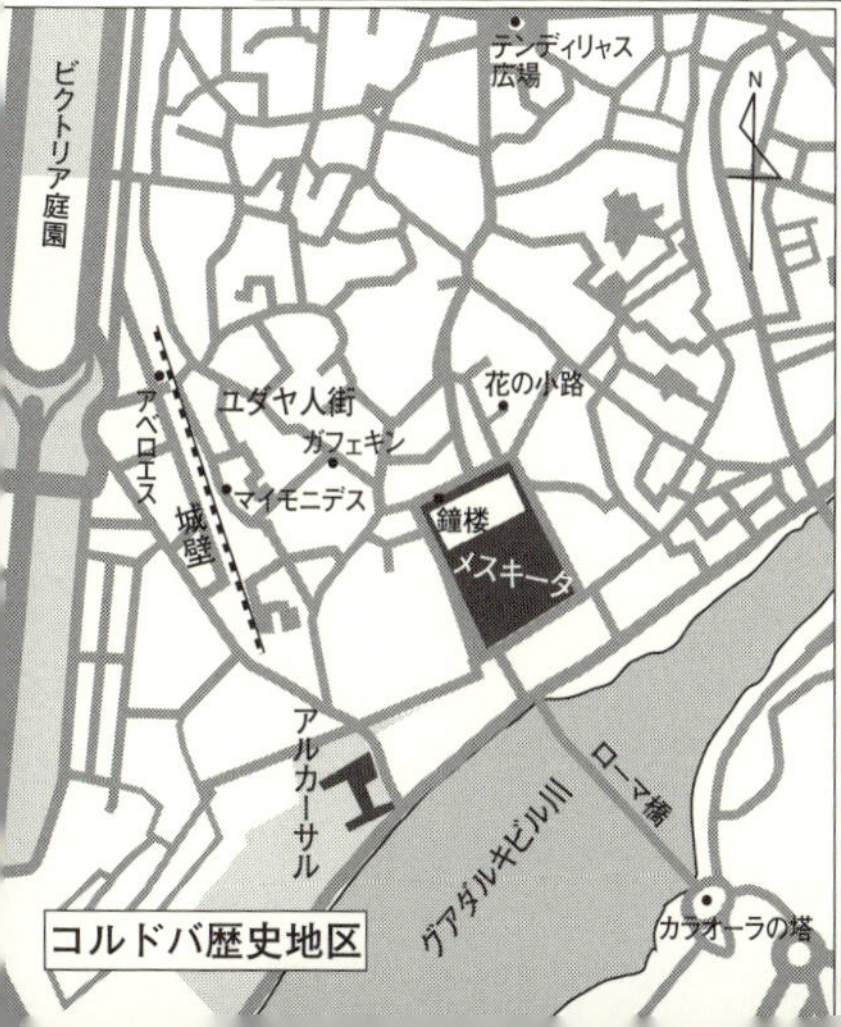

コルドバ歴史地区

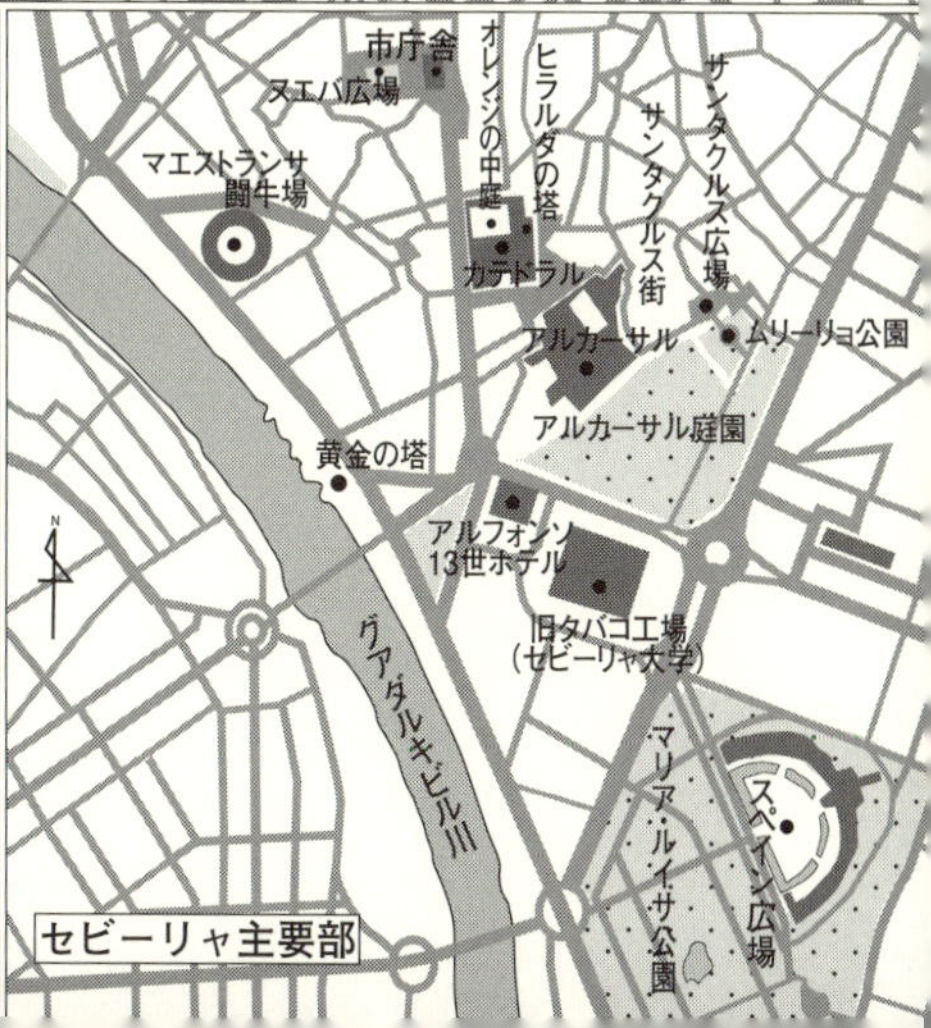

セビーリャ主要部

アンダルシア地方

これから訪れる、コルドバ、セビーリャ、グラナダなどの町があるアンダルシア地方は、スペインの中でももっともイスラム教徒の影響を受けた地域であり、コルドバのメスキータ（モスク）やグラナダのアルハンブラ宮殿など、多くのイスラム教徒が残した遺産を見ることができる。これまで訪れた緑の多い北スペインとは気候も異なり、雨が少なく夏は40度を超える暑さが続き、車窓からの景色はオリーブ畑が続く。

アンダルシア地方では、5月後半から7月前半くらいまで、ヒマワリを見ることができる。特に、コルドバ近辺にはヒマワリ畑が多く、この時期にスペインを訪れると、バスに何時間揺られても退屈しない。バスを停めてヒマワリ畑の写真を撮りたいところだが、大型バスが停車できる場所はほとんどなく、車窓から見ることしかできない。

季節限定のヒマワリと違って、年中どこでも見られるのがオリーブ畑だ。スペインには1億本以上のオリーブの木があると言われているが、その中の80パーセントがアンダルシア地方で栽培されている。秋には実を付け、その後は収穫が行われる。

これだけの量のオリーブの実なので、一つ一つ手でもぎ取るわけにはいかず、木の下にシートを敷いて棒で叩き落としていく。収穫したオリーブの実は、そのまま漬物のように漬けて食べる。苛性ソーダか、なければ梅干のように塩（塩水）に漬けて、3か月くらいはかかる。ワインのつまみには欠かせないオリーブの実だが、多くは絞ってオリーブオイルとなって出荷される。

隣のフランスでは瓶詰で売られているものが多いが、スペインではポリ容器や缶で売られていることも多いので、お土産用に買っても持ち帰りやすい。

オリーブはワイン（ブドウ）とともにギリシャ人が植樹を始めた。現在オリーブの生産は、スペイン、イタリア、ギリシャ、トルコなど地中海地域に集中している。世界のオリーブ生産量のうち、30パーセント以上がスペインで生産されている。

コルドバ

ローマ橋

コルドバ（Córdoba）では、旧市街の中にはバスを停められないので、アルカーサル近くで下車するか、川の対岸で降りてローマ橋を歩いて行かなければならない。今回は時間があったので、ローマ橋を歩いた。橋の手前にある塔は、「カラオーラの塔」と呼ばれ、12世紀末のイスラム時代（アルモアド朝時代）に、ローマ橋を守るために造られた。現在は博物館となっている。

ローマ橋が架かる川はグアダルキビル川である。グアダルキビルという名前は、アラビア語の「大きい川（al-wādi al-kabīr）」から来ている。グアド（Guad）が川と

ローマ橋とカラオーラの塔（対岸にメスキータが見える）

いう意味なので、スペインには（特にアンダルシアには）、〝Guad〟で始まる川の名前が多い。グアダルキビル川は全長657キロメートル、アンダルシアでは最長の川でスペインでは5番目に長い。アンダルシア州ハエン県のカソルラ山地に水源があり、コルドバ、セビーリャを流れて、カディスの近くで大西洋に注いでいる。

ローマ橋は、古代ローマ時代の1世紀に造られたものなので、いまから2000年も昔のものであるが、何度も破壊されては修復されている。近年の修復により、大変きれいになった。かつては乗用車が通れたが、今は歩行者専用である。橋の長さは331メートル、幅は9メートル、石造りで、16のアーチで支えられている。橋の対岸正面に「メスキータ」の建物が見える。

メスキータの入口で現地ガイドと合流して、見学が始まった。

コルドバという都市は、イスラム時代、最初に首都となったところである。とても重要なので、イスラム時代のコルドバについてもう少し詳しく触れておきたい。

コルドバとメスキータの歴史

イスラム教徒のベルベル人ターリックがイベリア半島にやって来たのは711年。イベリア半島をイスラム帝国の版図に組み入れ、アルアンダルスを建国、コルドバを都とした。

それから40年後の750年に大きな事件が起こった。イスラムの総本山であるシリアでのことである。そこではアッバース家主催の宴が行われ、ウマイヤ家を招待した。ウマイヤ家というのは、これまで14代に亘ってカリフの座を守ってきたシリアに本拠をおく一族である。カリフというのは、預言者ムハンマド（モハメット）亡き後のイスラム共同体、イスラム国家の指導者、最高権威者の称号であり、預言者の代理人である。キリスト教でいうところの王と法王を合わせたような存在だ。

そこで主催者アッバース家は招待客ウマイヤ家に襲いかかり、全員を撲殺したのだ。ねらいはカリフの座の争いだった。アッバース家は、ウマイヤ家を皆殺しにしてカリフの座を手に入れたのであった。このときからアッバース家が5世紀もの間、イスラム帝国に君臨することになる。

ウマイヤ一族は皆殺しにされたはずだったが、一人だけ逃れた者がいた。それは、ウマイヤ朝10代目カリフ、ヒシャームの孫である20歳の王子、アブドアルラマンだ。彼は、虐殺から逃れて、ひたすら西へと逃げた。そして、モロッコまで行った。彼の母親はベルベル一族であり、一族がモロッコのセウタ（現スペイン領）に住んでいたので、そこでしばらく暮らすことになった。

そのころのアルアンダルスは、政治的にも社会的にも混乱の最中にあった。

一口に「イスラム教徒」と言っても、シリア人、ベルベル人、イエメン人など出身地によって文化も習慣も違い、民族問題を抱えていた。アルアンダルスは、強いリーダーを必要としていた。

そんなとき、セウタから海を渡ってイベリア半島に上陸したのが、アブドアルラマンであった。自分の一族が殺され、アッバース朝にカリフを乗っ取られた彼は、この地で見返してやろうと思った。そして、その怨念と彼のリーダーとしての資質が、アルアンダルスで「後ウマイヤ朝」を誕生させた。

７５６年、アブドアルラマン25歳のときのことである。

アブドアルラマン（Abd al-Rahman）（アブド・アッラフマーンとも表記）は、左目が不自由だったが、カリスマ性をそなえたアミール（Emir）（首長）となり、アブドアルラマン1世としてコルドバを中心とするアルアンダルスを繁栄させた。一方、アッバース朝はイスラム帝国の首都をダマスカスからイラクのバグダッドに移した。

アブドアルラマン1世は、バグダッドのアッバース朝をしのぐ、比類ない大モスクの建築を計画する。すでに50歳を過ぎていた786年7月14日、その大モスクの建築が始められた。それが、これから見学するメスキータである。スペイン語でモスクのことをメスキータ（mezquita）と言うが、現在スペインでは主にコルドバのメスキータのことを指す。

モスクを建てるには資材が必要だった。アブドアルラマンは西ゴート族のサン・ビセンテ教会を買い取り、その跡地に、取り壊した教会の資材を使ってモスクを建設した。

これから入るメスキータは、2万4000平方メートルの巨大な建物であるが、アブドアルラマン1世の時代には、まだそこまでは大きくなかった。コルドバの繁栄と共に拡張され、今の大きさになった。メスキータの建設が始まった2年後の788年、アブドアルラマンは完成を見ずに死去してしまう。メスキータは、息子で後継者であるヒシャーム1世の時代に完成した。

その後、3回に亘ってメスキータは拡張され、いまある巨大な建造物となった。では、そろそろこのメスキータの中に入ってみよう。

アルミナル（ミナレット）

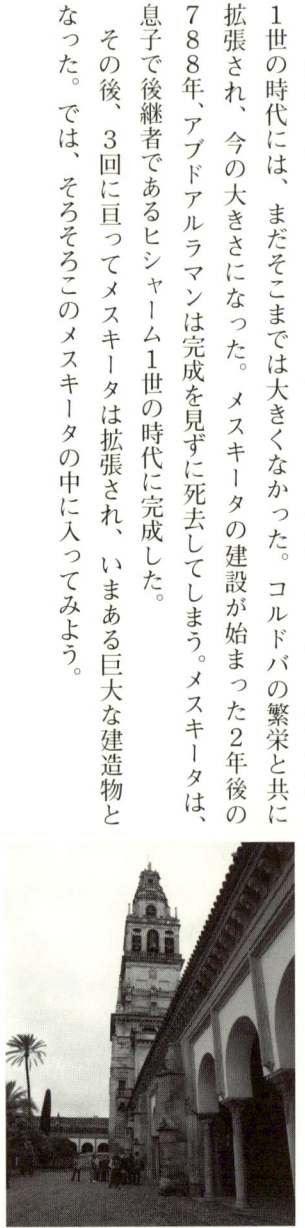

メスキータ見学

ミナレットの隣の免罪の門から中庭へ入ると、隣にチケット売り場があるが、中庭に入るだけなら、他の3カ所のどの門からでも入れる。

「高さ69メートルのアルミナル（ミナレット）は、現在鐘楼となっていますが、イスラム時代には、お祈りの時間になると、礼拝が始まるのでモスクに集まろうという呼びかけ、『アザーン』を1日5回唱えていました」

最初からこの場所にあったのでなく、メスキータが拡張された10世紀に古いものを取り壊して現在の場所に建て直された。

キリスト教徒が奪回してからは鐘を取り付け、教会の鐘楼として使われるようになった。

中庭にはオレンジの木がたくさん植えられているが、イスラム時代は、お祈り前の身体を清めるために使われていた。広い中庭は、オレンジの中庭と呼ばれ、オレンジの木が実を付けている。ガイドがオレンジの葉っぱを一枚ちぎって見せてくれた。葉に特徴があり、葉のしっぽの辺りが2つに分かれている。

「このオレンジは、このまま食べると苦いので、マーマレード用のオレンジとして主にイギリスへ輸出されています」

オレンジの中庭を通ってまっすぐ行くと、しゅろの門があり、そこから中へ入っ

オレンジの中庭の向こうに見えるメスキータ

ていく。ここから内部の見学が始まるが、かつてのイスラム教徒もここから入り、そのまま前方奥にあるミヒラブの方へと向かってお祈りをした。現在の入口は、しゅろの門のやや右にある。

（8世紀ーアブドアルラマン1世によるメスキータ）

しゅろの門を入ったところは、アブドアルラマン1世が最初に建てた場所である。

内部はたくさんの二重アーチが柱で支えられている。

柱やアーチを木とすればここはまさに森のようだ。

「柱は石が使われていますが、そのまま天井を張ると低すぎるので二重アーチで支えることで天井を高くすることができました。二重アーチは、セゴビアのローマ水道橋からヒントを得ています。この赤と白のアーチですが、赤の部分はレンガで、白の部分は石でできています。つまり、軽いレンガと重い石とを交互にはめることにより、バランスを保っています」

スペインでは、ローマ時代の建造物の跡に西ゴート時代の建物を建て、イスラム時代には、その跡地にイスラム寺院を建てたところが多い。キリスト教徒によるレコンキスタの後は、イスラムの建物はほとんど破壊され、その跡にカテドラルなどが建てられている。このメスキータも、西ゴート時代のサン・ビセンテ教会が建つ前、ローマ時代の建物があった。現在、柵で囲われた中を覗くと、床下にローマ時代の遺構を

アブドアルラマン１世が建てた部分

床下のローマ時代の遺構を覗く柵

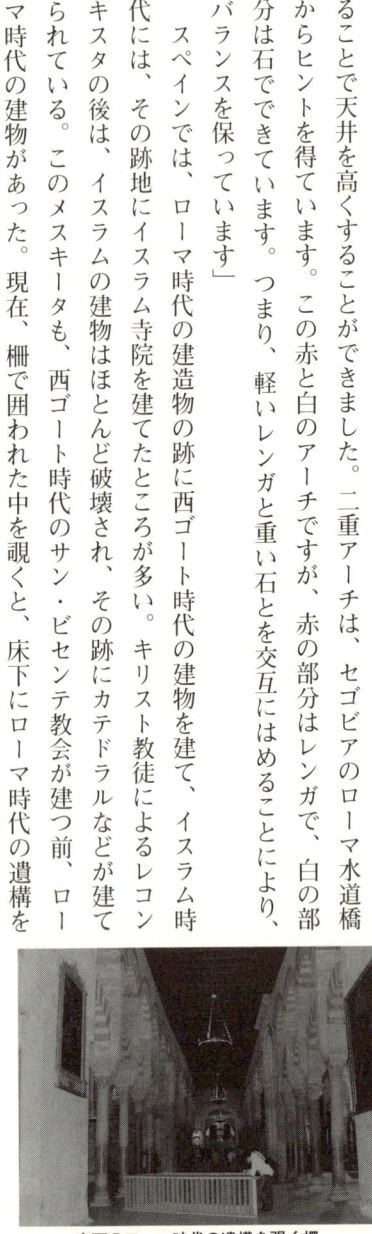

見ることができる。

（9世紀―アブドアルラマン2世による拡張）

「9世紀に入り、コルドバの町は発展し、信者も増え続け、モスクが手狭になったので、833年から852年にかけて、アブドアルラマン2世によって拡張されました。前よりも7000人多く、計1万7600人の信者が入れるモスクになりました。柱の数だけで70本増え、アラバスターも2本使われています」

白っぽい半透明の柱がアラバスターである。

このアブドアルラマン2世の拡張した部分から次の10世紀の拡張部分にかけての場所に13世紀、コルドバがキリスト教徒に征服されてから礼拝堂が建てられた。

アラバスターの柱

（最も繁栄したアブドアルラマン3世の時代）

1回目の拡張から次のアルハカム2世の拡張までには100年以上もの間があるのだが、その間にコルドバは世界でも有数の大都会に発展していった。

「世界」と言っても、そのころのスペインでは、アメリカ大陸も知らなければ、アジアもほとんど知られていないので、ヨーロッパと中近東が世界である。その時代、つまりアブドアルラマン3世の時代にコルドバは最盛期を迎えた。

彼のおじいさん、アブダラー1世（Abd Allah）は、優柔不断でリーダーに向かなかった。そのため、アルアンダルスは一時荒廃した。当時、キリスト教徒がますます攻勢に出てきていた。そこで、アブダラー1世は、孫のアブドアルラマン3世を後継者に指名した。

アブドアルラマン3世は、アッバース朝に対抗して、912年にカリフとして即位する。

そのころのキリスト教徒は、北西部にレオン王国が誕生している。そして、ピレネーの南西にバスク人のナバラ王国、その南東にはバルセロナ伯爵領が誕生して、キリスト教徒が勢力を増しつつあった。

そんな大変な時代に、アブドアルラマン3世は、アルアンダルスを立て直し、コルドバを発展させた。

当時、コルドバにはメスキータだけでなく、600のモスクが存在した。そして、イスラム教徒にとって重要な公衆浴場は300もあった。20もある公共図書館には、何十万冊もの書物があり、神学者や医者、哲学者も多く輩出している。

ヨーロッパで都市と言えば、ロンドンの人口が6000人程度だった時代に、コルドバの人口は50万とも100万ともいわれ、コンスタンチノープル（現在のトルコのイスタンブール）に並ぶ大都市であった。

識字率も高く、6歳から11歳までの男女児童は学校でコーランの読み書きを習い、アラビア語の文法も勉強できるという環境にあった。

「アルアンダルス」での公用語はアラビア語だったので、キリスト教徒もアラビア語を習い、イスラム教徒のエリートたちはラテン語も学んだ。

イスラム教徒の支配するアルアンダルスでは、キリスト教徒もユダヤ教徒も共存した。

イスラム教徒によるイベリア半島の支配は、ローマと同じくらい大きな影響を与えた。スペイン語はラテン語の派生だと書いたが、時代と共に変化している。同じラテン語圏でも、フランス語やイタリア語と大きく違うところは、アラビア語から来た言葉が非常に多いことである。

アルコール (alcohol)、アルカルデ (alcalde 市長)、アルデア (aldea 村)、アルゴドン (algodón 綿)、アルバアカ (albahaca バジル)、アサフラン (azafrán サフラン)、アヘドレス (ajedrez チェス) など、「ア」又は「アル」のつく言葉が多いが、これらは全てアラビア語からきている。

町の名前も、アルメリア (Almería)、アリカンテ (Alicante)、アルバセーテ (Albacete)、アルカンタラ (Alcántara) など、アラビア語に由来するものが多い。

農業においてもイスラム教徒は、東洋から学んだ技術で、溝をつなぎ合わせて運河をつくり、川から水を供給できるようにした。灌漑農業を伝え、年4毛作が行われ、オレンジやレモン、バナナ、アーモンド、スイカ、イチジク、米、綿花、サトウキビなどを栽培した。それに、ブドウ栽培も行われ、ワインを作っていた。イスラム教徒が飲むためではなく、キリスト教徒に売るためだ。イスラム教は、アルコールを飲んではならないという戒律はよく知られている。アブドアルラマン3世の息子、アルハカム2世がカリフの後継ぎとなったとき、ちょっと変わったことが問題になった。ワイン用のブドウの収穫が多すぎて、ワインを売っても売れ残ったのだ。ブドウ栽培者はカリフに相談した。

「宗教はとても大事です。しかし、農家の人が汗水たらして作ったものを無駄にするのはどうかと思います。余ったワインはイスラム教徒の間で飲んでもよいと許してはどうでしょうか」

カリフはさっそく役僧や神学者などを呼んで話し合った。その結果、結局は「経済よりも宗教が優先」

ということで話がまとまった。カリフの治めるアルアンダルスは飲酒に厳しいが、また裕福でもあった。コルドバの経済はワインを捨てるというほど豊かで、余ったワインは川に流された。

農業だけではなく、絹織物、陶器の製造、革製品や金銀細工、象嵌《ぞうがん》細工など、スペインの名産品、土産物として知られているものの多くはこの時代に製造され、商業、工業ともに発展した。

アブドアルラマン3世の治世は50年続き、当時ではめずらしく、71歳まで生きた。彼の住居は、メスキータ近くのアルカーサルであったが、手狭になったため、コルドバ市内の郊外に、「メディーナ・アサアーラ」という宮殿都市を建設した。これについては後述する。

アブドアルラマン3世は、メスキータのパティオを拡張した。そのため、8世紀にアブドアルラマン1世によって造られたアルミナルを取り壊して、いまある場所に新しく造った。

（10世紀―アルハカム2世の拡張）

その後、コルドバはますます繁栄し、10世紀の後半、2回目のメスキータの拡張工事が行われることになった。アブドアルラマン3世の息子、例のワイン問題が起こったアルハカム2世（Al-Hakam）がカリフとして即位した961年に拡張工事が始まった。そして、5年後の966年には完成する。

では、アルハカム2世時代のメスキータを見てみよう。

ガイドに付いて、もう少し奥に進むと、つきあたりにキラキラと輝いているものが見える。しゅろの門を入ってつきあたりの奥に輝いている鍵型アーチの小部屋がミヒラブ（Mihrab）である。イスラム教の信者は、ここに向かってお祈りをする。メッカの方向なのだ。その前には柵がある。

「このミヒラブの前でコーランが唱えられました。柵の中には王や高職しか入ることができませんでした。他の人はお祈りのときにはその外側へ集まって座り、女性は中庭へ集まって、メスキータの中には入れなかったのです。ただ、今とは違い、壁のアーチの扉は全て開いていました」

　建物全体を取り囲む壁の扉は、アラブ時代には開け放されていたが、カトリックによるレコンキスタ後は、全て塞がれて[12頁⑨]しまい、その内部にたくさんの礼拝堂[12頁⑧]が設けられた。ミヒラブの前でガイドが説明してくれる。

「ミヒラブの正面には、ビザンチンモザイクがはめ込まれています。その上に5ミリ四方の細かいガラスが貼られています。それを支える2本の小さな柱は大理石です」

ミヒラブの手前の美しい天井のあるところはマクスラ[12頁④]（Maksula）で、王族が礼拝した場所である。

現在、この建物は教会（カテドラル）として使われているので、教会の宝物室[12頁⑤]もある。

また、かつて柱を建てた石工のサイン[12頁⑦]が残っている場所をガイドが案内してくれた。

（10世紀―アルマンソールによる拡張）

10世紀、アブドアルラマン3世からアルハカム2世の時代にかけてのコルドバは繁栄し、その後は９８７年から3回目の拡張工事が行われた。

「これまでは、メッカの方へ向かってまっすぐ奥へと拡張されていきましたが、これ以上奥へ（東へ）拡張することはできませんでした。なぜならグアダルキビル川に突き当たってしまうからです。そこ

ミヒラブ

で、次の拡張工事は、北側、つまり横に広がるように行われました。そして、いまある2万4千平方メートル（137メートル×174メートル＝2万3734平方メートル）のメスキータが完成しました」

この最後のメスキータ拡張工事を行ったのは、アルマンソール（Almanzor）が統治した時代である。アルマンソールという人物は、アブドアルラマン3世の子孫ではなく、ウマイヤ朝の血も引いていない。

アブドアルラマン3世の息子、アルハカム2世には2人の息子がいたが、そのうちの一人は早くに死亡した。そのため、後継ぎは1人しかいなかった。

イスラム教では、長子、嫡子、庶子など関係なく、後継ぎを決める習慣があった。そのため、継承者を巡っての暗殺なども多いが、優秀なものを選べるという利点もあった。しかし、一人しか後継ぎがいないので、自動的にその子に回ってきた。イスラム世界では、庶子を含めると10人も50人も子供がいる王も少なくないが、アルハカム2世はあまり女性に興味がなかったらしい。アルハカム2世の死後、後を継いだのが11歳のヒシャーム2世（Hisham）であった。未熟な王が即位したため、その母親が補佐することになるが、母親は政治に疎かった。

そんなとき、アルヘシラス地方の役人を務めたアルマンソールが宮廷入りする。ヒシャーム2世の

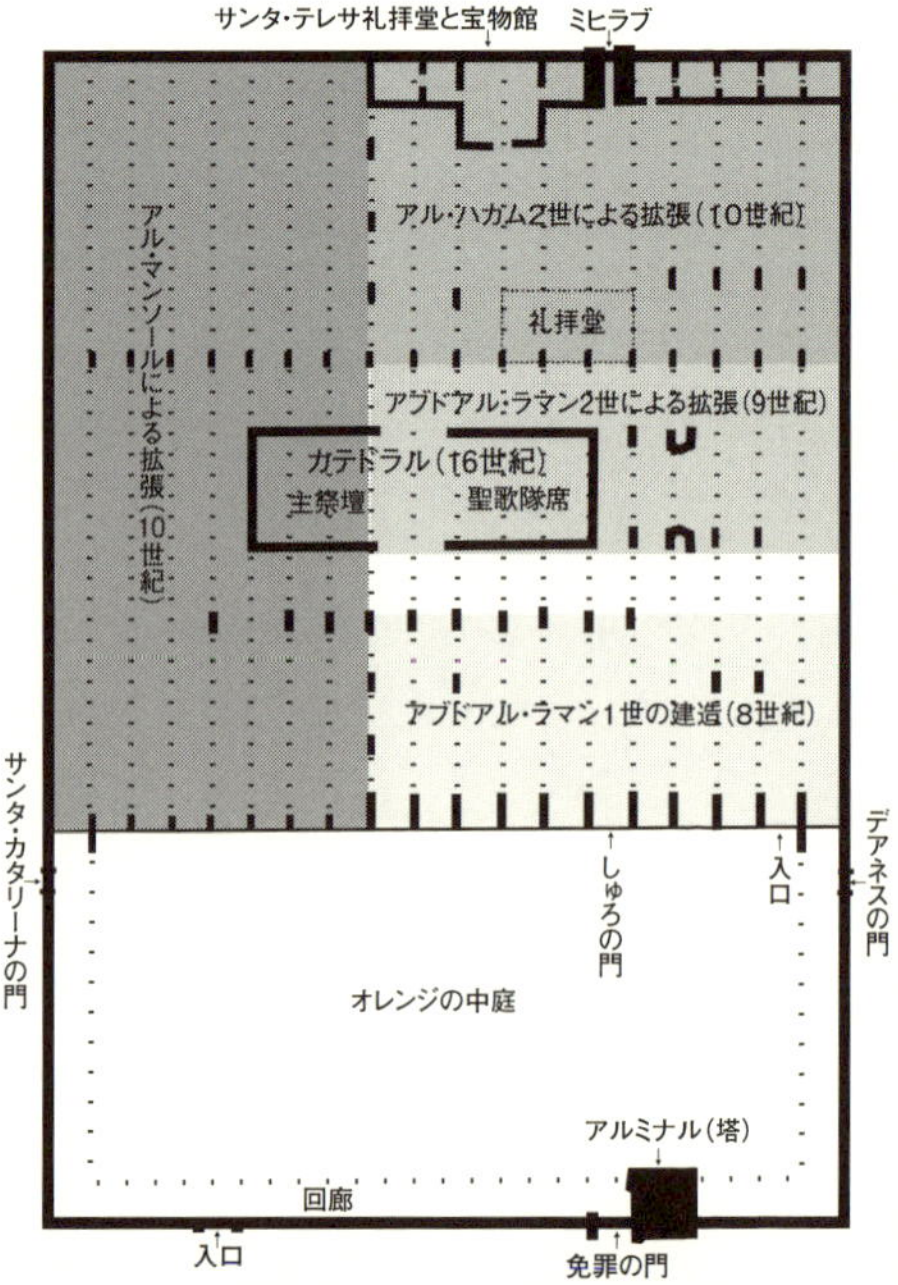

母親の歓心を得て実権を握り、ヒシャーム2世を幽閉して、自ら統治をはじめる。

アルマンソールは政治的には能力のある人物で、キリスト教徒に奪還されていた土地も取り戻した。コルドバ人からは頼もしく思われ、キリスト教徒からは恐れられていた。そんな時代にできたのが、メスキータ最後の拡張部分である。

「この拡張部分の二重アーチをよくご覧ください。レンガと石の組み合わせではなく、白い石に赤い色を塗っているだけなのです」

その後は、アルマンソールの息子アブドアルマリック（在位1002～1008年）が統治し、コルドバはしばらくの間、持ちこたえることになった。

しかし、ウマイヤ朝の血を引く王子たちの中には、よそ者で成り上がりの支配者を支持しない者も多くいた。

その後、ヒシャーム2世が幽閉生活から解放されて、もう一度カリフの座へと戻ったが、1009年に、コルドバの上級貴族の間で革命が起き、退位する。

1012年には、アルアンダルスからグラナダが独立、続いてサラゴサ、セビーリャなども独立していった。そして、「タイファ（Taifa）」と呼ばれる23の小国に分裂していった。

アブドアルラマン3世のひ孫、アブドアルラマン4世が即位したが処刑され、アブドアルラマン5世も即位後すぐに暗殺された。

1009年から1031年の間に9人のカリフが交代した。そして、ヒシャーム3世の時、もうカ

アルマンソールが拡張した部分

リフは必要ないと退位させられ、あれほど繁栄したコルドバのウマイヤ朝は1031年に幕を閉じてしまった。

（レコンキスタ後のメスキータ）

その後も、キリスト教徒によるレコンキスタは進行し、1085年にトレドが再征服されたほか、11世紀には多くのタイファ（イスラムの小国）がキリスト教徒に奪われた。

特に、1212年のナバス・デ・トローサの戦いでのキリスト教徒側の大勝利、イスラムのアルモアド朝の敗北の影響は大きかった。

1236年6月29日、アルアンダルスの首都であったコルドバは、カスティーリャ王フェルナンド3世によって征服された。

メスキータはそれから徐々に、イスラム教のモスクからキリスト教の教会へと姿を変えていった。

かつて中庭は、イスラム教徒が体を清めるための水盤が設置され、中庭からも礼拝ができるように平らな石で敷き詰められていた。それが剥がされ、取り除かれて、現在のオレンジの中庭となった。イスラム教徒を追い出し、アルミナルにキリストの十字を置いた。また中庭に向かって開いていたアーチは、壁で塞がれてしまった。

レコンキスタのすぐ後、フェルナンド3世はモスクだった建物をサンタ・マリア教会と名付けた。

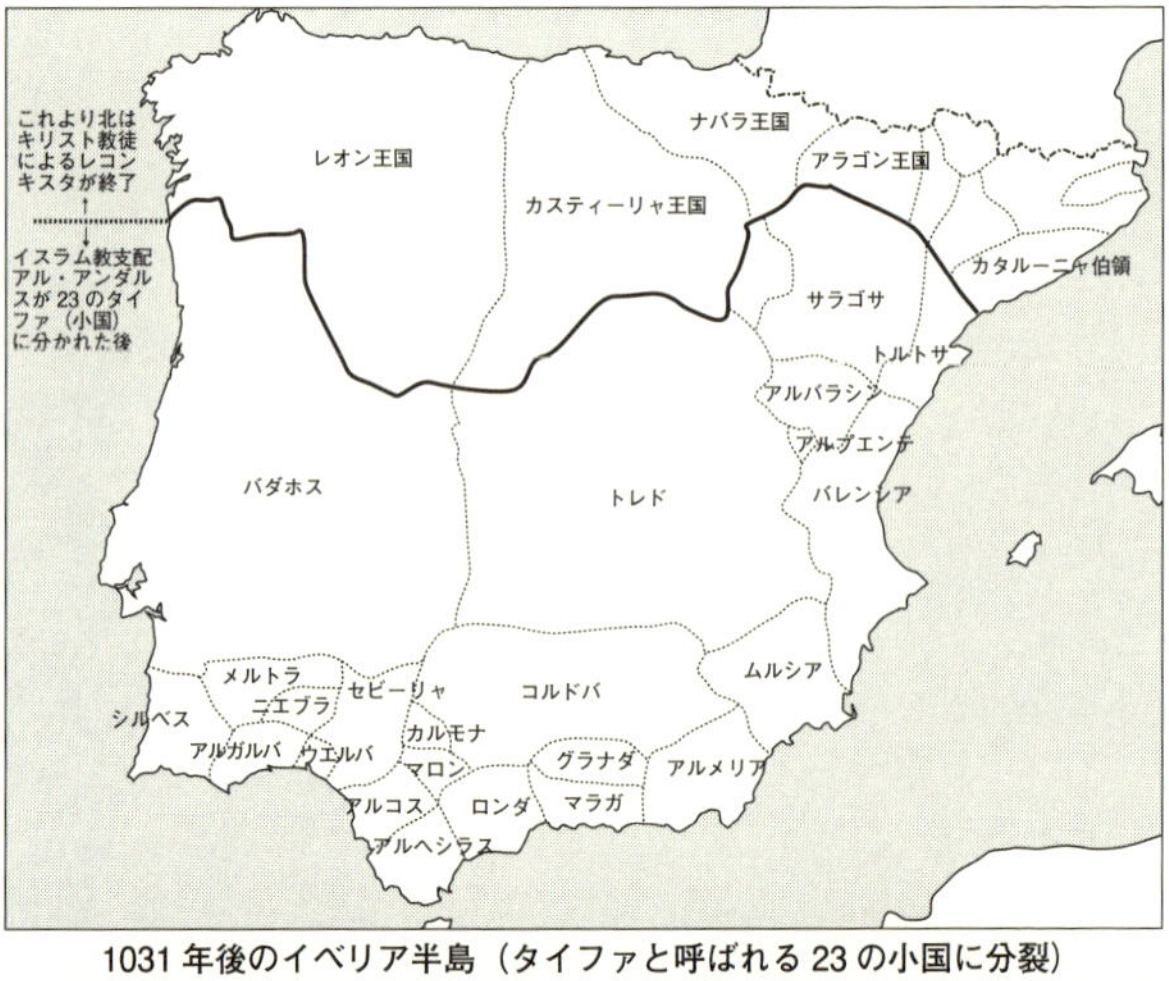

1031年後のイベリア半島（タイファと呼ばれる23の小国に分裂）

フェルナンド3世は、サン・クレメンテ礼拝堂をアルマンソールの拡張部分に造り、1257年まで使った。1257年には、アルハカム2世の拡張部分を主礼拝堂に変え、主祭壇をそこに置いた。

1286年、よりモダンに改築しようと、それは壊されてしまった（壊された部分は博物館に保存）。

その後、カスティーリャ王エンリーケ2世は、王室礼拝堂（サンフェルナンド礼拝堂）を建設することにした。ムデハル様式の装飾で、唐草模様の漆喰を使い、タイル張りの台座（床）と鍾乳石の屋根を装飾した、世にも稀な美しい礼拝堂が完成した。その礼拝堂には、フェルナンド4世やアルフォンソ11世が埋葬された。

「ミヒラブを礼拝堂に変える」という案も出されたが、さすがにそこは、イスラム教徒の祈祷室だからやめておこうと王が言ったため、いまでも手が付けられていない。

そして、16世紀のカルロス1世（5世）の時代には、カテドラルが造られた。

では、これから、カテドラルの中へと入ってみよう。

（モスクの中に建てられた大聖堂）

1523年、セビーリャの司教を務めていたアロンソ・マンリケは、主礼拝堂が建物の端にあるのが気に入らなかった。そして、メスキータのど真ん中に、十字の形の教会を造る提案を出した。市の委員会も王室委員会も大反対だった。そこで、マンリケは当時の王「カルロス1世」に助けを借りることにした。メスキータを見たことのないカルロス王は、軽い気持ちでマンリケに工事の許可を出した。

後に王は、ポルトガルのイサベル王女とセビーリャで結婚してコルドバを訪れ、初めてメスキータを目にした。そして言った。「メスキータがこのようなものだとは知らなかった。知っていれば決して手を付けるようなことはさせなかっただろう。どこにでも造れる建物のために、世界で一つしかない建物を壊してしまった」と。

「カテドラルの建築に当たって、モスクの１０１２本の柱のうち、中央の１５６本は取り除かれて、８５６本が残っています。時間があれば後で数えてみてください」

エルナン・ルイスのもとで建築が行われ、彼の死後はその子孫たちに引き継がれた。

「建築様式は、ゴシック、ルネッサンス、ネオ・クラシック、バロック、プラテレスコなどさまざまな様式が混合しています。16世紀に着工が始まったこのカテドラルが完成したのは18世紀、何回も工事が中断され、２５０年もかかりました。まるで、ロシアン・ミックスサラダのような建築様式です」

建築様式は、流行ファッションみたいなものである。時代が変われば、建築スタイルも変わる。

ラテン十字のカテドラルは、十字の頭の部分に主祭壇、足元にコロ（聖歌隊が歌を歌う席）がある。

「コロの周囲には、キューバのサント・ドミンゴから持ってきたマホガニーで造られたすばらしい彫刻の座席が並べられています。起立のときにでも少し腰掛けられるように、「シークレット腰掛け」となっています。背もたれの部分の彫刻は、旧約聖書と新約聖書の話を物語っています。正面に向かっ

メスキータ内のカテドラル

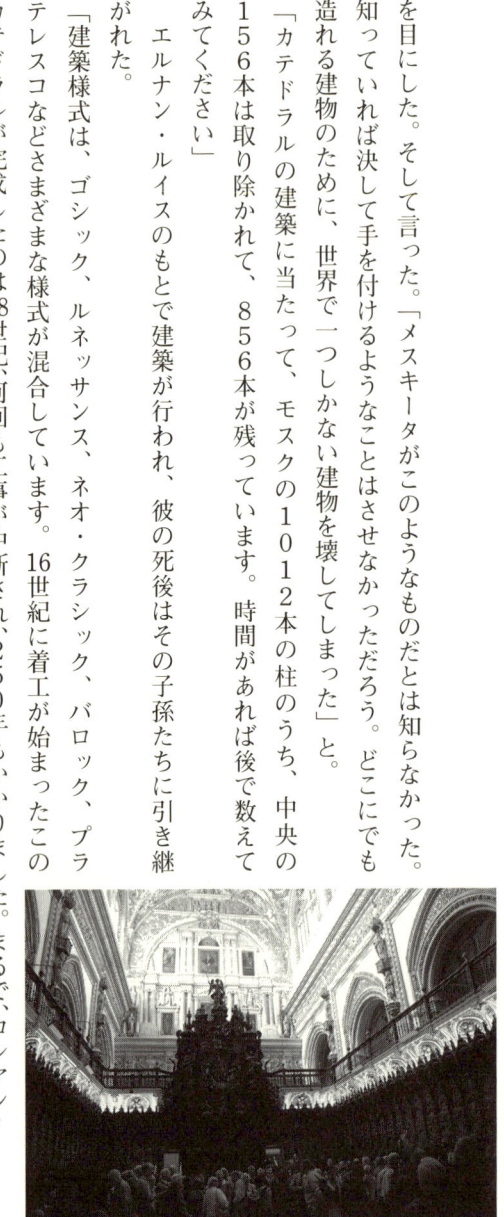

て左端は、アダムとイブの彫刻です。中央には、キリストの昇天が表されています」

ガイドの説明の後は、メスキータ内で少し写真を撮る時間を取ってから外に出た。

花の小路とユダヤ人街

メスキータを出て、中庭の北側へとガイドについて歩いていった。

これから「花の小路」そして、迷路のような「ユダヤ人街」を徒歩で観光する。

「皆様、途中で写真を撮るため立ち止まると迷子になります。あとでフリータイムを取りますので、まずついてきてください。もし迷子になった場合、捜すのは不可能です。もし、迷子になった場合は、集合時間までにメスキータの門のところへ集合していてください。ミナレットの塔がどこからでも見えるので、すぐ分かりますね」

花の小路は、メスキータのオレンジの中庭の北側の門から出て、2、3分のところにある。春から夏にかけては花が咲き乱れて美しい。

白壁の家々や、店の間をくぐり抜け、幅1メートルほどの花の小路へと入っていく。突き当たりには小さな石畳の庭があり、レモンの木が実を付けている。かわいい土産店も並んでいる。庭から花の小路の方を振り返ると、正面にメスキータのミナレットが見える。

花の小路（路地の隙間にミナレットが見える）

そこから南西一帯をフデリーア（ユダヤ人街）と呼んでいる。正しくは、「旧ユダヤ人街」だ。イスラム時代、多くのユダヤ人が居住していた地区である。15世紀、イスラム支配が終わると、イスラム教徒やユダヤ教徒は、イベリア半島（スペイン）を追い出されるか改宗を余儀なくされた。やむなく改宗した人もいれば、北アフリカなどへ移住した人もいた。現在は「フデリーア（Judería）」という地名として残っている。

12世紀には、有名なユダヤ人哲学者、マイモニデスやアベロエスが輩出された。12世紀といえば、すでにアルアンダルスのウマイヤ朝カリフ制度は幕を閉じていたが、タイファと呼ばれる小国となったコルドバが、キリスト教徒の手に落ちるのは、それから１００年後のことである。

フデリーアに、マイモニデス広場（Plaza Maimonides）という一角があり、彼の座像がある。

「この人は、コルドバ生まれのユダヤ人マイモニデスです。医者であり、哲学者でもありました。とても頭の良い人でしたから、この人を触ってその手で自分の頭に触ると賢くなります」

ガイドが身振りを交えて説明した。多くの観光客が触るので、靴の部分だけが光っている。

マイモニデス広場の近くには、闘牛博物館もあり、闘牛士の衣装や、道具、写真などが展示されている。

特に、コルドバ出身の人気闘牛士であった「マノレーテ」に関するものが多い。彼は、１９４７年、リナーレスの闘牛の試合で牛の角にやられて、27歳の若さでこの世を去った。

フデリーアには、他に、白内障の手術を初めて行った眼科医13頁⑧ガフェキ（Gafequi）の胸像もある。

マイモニデスの像

コルドバ生まれのもうひとりの哲学者、アベロエス[13頁⑨]の像は、コルドバの城壁の外（西側）にある。彼は、モロッコのスルタン（王）の医者であった。１１９８年、モロッコのマラケシュにて70歳で亡くなり、遺骸はコルドバにもたらされた。

フデリーアをゆっくり歩いていると、所々で美しいパティオ（中庭）を持つ典型的なアンダルシアの家が見られる。

「他人の家だからのぞいては失礼」なんて思わず、ぜひのぞいてみよう。

アンダルシアのこういったパティオは見せるためにあるようなものである。

「パティオ」は、人前に出てはいけないといわれたイスラムの女性たちが、花や草木を外で楽しむために生まれたと言われている。

「コルドバでは、毎年5月になると、パティオ・コンクールが行われます」

市の主催で２週間にわたって開催される。この時期には、パティオ・コンクール用の地図が作られ、コンクールに参加している家の庭の場所に番号と印が付けられる。

今回5月のツアーで、ちょうどパティオ[13頁⑤]・コンクールの真最中であった。

メスキータのすぐ近くのパティオがコンクールに出場していたので、メスキータ見学後にガイドが連れて行ってくれた。パティオ付きの大邸宅とはいえ、個人の家の庭なので、一度に大勢の人は入れない。前に入っている団体が出てからの入場となったので10分くらい待たされたが、たくさんの花で

パティオのある家

飾られたすばらしいパティオを見学することができた。

メディナ・アサーラ

イスラム支配のコルドバが繁栄した10世紀のころ、当時のカリフであったアブドアルラマン3世は、メスキータ近くのアルカーサルに住んでいた。しかし、そこが手狭になったため、コルドバから北西8キロほど行ったところに大きな宮殿都市を造ることになり、936年に工事が始められた。

アブドアルラマン3世の愛する女性「アサーラ妃」の名をとって、宮殿は「メディナ・アサーラ」（Medina Azahara）と名付けられた。メスキータの拡張でいうと、9世紀のアブドアルラマン2世が第1回目の拡張をしてから、10世紀後半にアルハカム2世が2回目の拡張を始める間の時代である。グラナダのアルハンブラ宮殿の建設より、300年も前の話である。

それほど古い宮殿なのに、どうしてツアーで訪れないのか。それは、破壊されてしまったからである。「破壊されなければアルハンブラ宮殿よりも豪華だった」といわれるまぼろしの宮殿都市なのだ。

建築当時は、アルカーサルが手狭に感じたから郊外にちょっとした離宮を建てるつもりだった。ところが、完成までに25年もの歳月が費やされた。

カリフの宮殿と側近の人々の住居、役所や大臣の屋敷、モスク、マーケット、庭園、プール、そして動物園までをも有する東西1・5キロ、南北750メートルにも及ぶ広大な敷地に多くの建物が建て

メディナ・アサーラの廃墟

られた。使用人や近衛兵だけでも3万人を超えたという。

ところが、アブドアルラマン3世の孫、ヒシャーム2世が跡を継いだときからコルドバは下り坂となる。1013年にはコルドバは無政府状態になっていた。

そんなとき、ベルベル人の傭兵部隊がメディナ・アサーラを占拠し、火を放った。25年もかけて造られたメディナ・アサーラは、完成後50年余りで消えてしまった。さらに、モロッコのイスラム原理主義者によって破壊され、その後、イスラム教徒を追い出したキリスト教徒によって破壊され、無残にも廃墟のようになってしまった。

現在では、廃墟の跡を見学できるようになっているが、修復活動も続けられている。建物に使われていた石材は、セビーリャのアルカーサルやヒラルダの塔に提供された。

セビーリャ

コルドバからセビーリャまではバスで2時間くらい。セビーリャ（Sevilla）は、マドリード、バルセロナ、バレンシアに次いでスペインで4番目に人口の多い都市である。ロンダと競う、18世紀の美しい白い闘牛場もあり、世界中から多くの観光客を惹きつけている。

「セビーリャ」と書いたが、日本のガイドブックには「セビリア」と表記されていることもある。「セビリアの理髪師」というオペラが名高いが、イタリア人ロッシーニの作曲である。このオペラの原作はフランス人戯曲家ボーマルシェで、ストーリーの続きとなるのが、モーツアルトの「フィガロの結婚」である。つまり、セビーリャ（セビリア）の「理髪師」の名がフィガロで、「フィガロの結婚」の舞台もセビーリャである。セビーリャを舞台にしたオペラは、他にもビゼーの「カルメン」（フランス語）や、モーツアルトの「ドン・ジョヴァンニ」などがある。ベートーベン唯一のオペラ「フィデリオ」もスペインが舞台で、セリフの中に「セビーリャ」の名が登場する。

スペイン語では「セビーリャ」と発音するが、地元の発音は「セビージャ」に近い。

スペインには「セビーリャを見ない者はマラビーリャ（すばらしいもの）を見ない」という諺を踏んだことわざがある。「日光を見ずして結構というなかれ」と同じである。

万博会場だったスペイン広場

朝ホテルで現地のガイドと合流して、スペイン広場から観光が始まった。

「スペイン広場の建物は、１９２９年にイベロ・アメリカ博覧会の会場だったところです。この博覧会には、スペイン、ポルトガル、アメリカ合衆国、中南米の国々が参加しました。その時に使われたパビリオンがいまでもダンス教室や領事館、観光案内所、レストランなどに使われています。このスペイン広場の建物は、スペインのパビリオンだったところです。現在は州の議事堂として利用されています」

建築家アニバル・ゴンサレスの作でムデハル様式を取り入れた後期ゴシック様式の建築である。

スペイン広場

「建物の前、広場に面している方に行きましょう。後で写真を撮る時間を設けます。建物前にはタイルでできたベンチがありますが、全部で48のベンチがあります。スペイン各県の紋章と地図、そしてその県の重要な歴史を描いています。左からアルファベット順に並んでいます。一番右端は、Zで始まるサラゴサ（アラゴン州）です。後で好きなところに座って写真を撮ってください。建物と広場の間には小川があり、4つの橋が架けられています。この橋は、スペイン統一前のキリスト教の4つの王国を表しています。カスティーリャ王国、レオン王国、アラゴン王国、そしてナバラ王国です。それぞれ王国の紋章が付いています」

カスティーリャはレオンと合併、後にアラゴンも合併してスペインとなり、グラナダ王国をイスラム教徒から奪い返した。ナバラ王国は、イサベル女王の死後、1512年にフェルナンド王が武力で併合した。

スペイン広場やイベロ・アメリカの万博会場となった一帯は、「マリア・ルイサ公園」と呼ばれていて、19世紀にスペインの王女マリア・ルイサが市に寄付した公園である。

「マリア・ルイサ(Maria Luisa Fernanda de Borbón)は、フェルナンド7世の次女で、イサベル2世の妹でした。モンパンシエ公アントワーヌと結婚しましたが未亡人と

建物の前の川に架かる橋

スペイン各県の歴史を描いたベンチ

なり、1893年にこの宮殿と庭園をセビーリャ市に寄付しました」

その西側には「グアダルキビル川」が流れる。

川の対岸には、トリアナ地区と呼ばれる住宅街があり、その北には、1992年のセビーリャ万博の会場だった場所がある。1929年と1992年という、似たような数字が並んでいて間違えそうだが、どちらも万博が行われた年である。

1992年はセビーリャ万博とバルセロナオリンピックという2大イベントが行われた。この年は、レコンキスタが完了した年であり、かつ、コロンブスのアメリカ大陸到達の年でもある1492年から500年目という、スペインにとって記念すべき年であった。

ムリーリョ公園からサンタ・クルス街へ

スペイン広場を見学した後、バスに乗って移動した。

スペイン広場を出てすぐに、白くて四角い大きな建物が見えてきた。

「あれは17世紀に建てられた旧タバコ工場です。カルメンが働いていたタバコ工場の舞台になったところです。いまは、セビーリャ大学法学部の校舎です」

「カルメン」は、フランスの作家メリメによる作品であるが、やはりフランスの作曲家ビゼーによるオペラも名高い。スペインを舞台に多くの映画も作られている。

バスは、アルカーサル庭園の外にあるムリーリョ公園で止まった。ムリーリョ公園の前でバスを下

ムリーリョ公園のコロンブスの塔

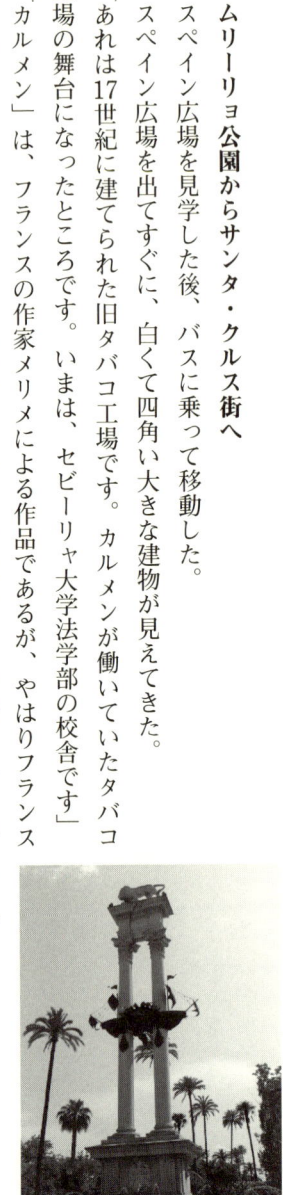

車して、徒歩での観光となった。

「ムリーリョ」は、スペインの有名な画家の名だ。セビーリャで生まれ、18世紀に活躍した。この後、カテドラルの中でムリーリョの絵が見られる。マドリードのプラド美術館では、三大画家の次ぐらいに人気のある画家である。

ムリーリョ公園の中央にある柱は、「コロンブスの塔」である。ライオンの台座14頁⑥には１４９２という数字が書いてある。もちろん、１４９２年という意味だ。スペインにとって１４９２年というのは、レコンキスタの終了年であり、コロンブスのアメリカ大陸到達年でもあるという非常に重要な年である。船の帆先はアメリカ大陸を向いている。船腹には「ＩＳＡＢＥＬ」と書いてあり、裏に回ってみると、「ＦＥＲＮＡＮＤＯ」と書いてある。カトリック両王の名前である。

公園の中の植物は、コロンブスがアメリカへ到達後、アメリカ大陸から持ち帰った「土産」も多い。いや、この公園だけでなく、セビーリャの街路樹や町の中にあふれる木々もそうだ。アメリカンパームや、春と秋には南米生まれのジャカランダ（スペイン語ではハカランダと呼ぶ）が紫色の花を咲かせてとてもきれいだ。

公園を抜けると、サンタ・クルス広場が現れた。いまは全く何の建物もない小さな広場である。十字架が立っていることから「サンタ・クルス」と呼ばれている。かつては、ユダヤ教の教会があった。

サンタ・クルス広場から今度は迷路のようなサンタ・クルス街を歩く。イ

サンタクルス街の狭い路地

スラム時代、ユダヤ人が住んでいたところである。狭い通路や小さな広場には、バールやレストランのテーブル《14頁⑦》が置いてあり、観光客でにぎわっている。

すぐそばにはアルカーサルの大きな建物があるのだが、城壁で囲まれているので中は見えない。

「城壁の端に古い水道管が見えますね。これは、アラブ時代に使われていた水道管です。この城壁の中には、アルカーサルの庭があります。これから、アルカーサルを見学します。入口のところまで歩いていきます」

アルカーサルの城壁端にある水道管

アルカーサル

今日の観光は、アルカーサルの入場が含まれていたが、下車観光だけのツアーであれば、入口のライオンの門の外から見るだけで、中の建物は見えない。

「アルカーサルは、正式にはレアル・アルカーサル（Real Alcázar）といいます。アラビア語でロイヤル・パレスという意味で、つまり、王宮のことです。現在も使われている王宮ではヨーロッパで一番古いものです。14世紀からスペイン王家の居城で、現在も王家がセビーリャへ来た時の居城として使われています。ここで王家の公式行事が行われるときは、見学できないこともあります」

ガイドの案内で、ライオンの門から中へ入った。赤い門の上に王冠を戴くライオンの絵のタイルがはめ込まれている。この門は19世紀に修復された。

ライオンの門と呼ばれるようになったのは19世紀以降のことで、昔は狩猟の門と呼ばれていた。この宮殿を改築したペドロ1世の父アルフォンソ11世は狩りが好きで、狩りに出かけるときにこの門から出かけていたのでそう呼ばれたという。彼は、狩りに関する本も書いていた。

ライオンの門をくぐると、チケット売り場や売店、手荷物検査がある。そこを通るとライオンの中庭と呼ばれるところがあり、前方に3つのアーチを持つ古い城壁が見える。

「この城壁は、イスラム時代のものです。12世紀のアルモアド朝時代に造られました」

アーチをくぐったところは、「狩猟の中庭」と呼ばれる部分で、正面に宮殿がある。

「ここには、様々な建物があります。左の黄色い建物はゴシック宮殿と呼ばれ、13世紀にキリスト教によってセビーリャが征服されたすぐ後に建てられました。正面の建物は、14世紀にペドロ1世によって増改築されたムデハル様式の宮殿です。メイン・ビルディングでもあります。ムデハル様式とは、キリスト教の時代に建てられたイスラム建築の建物です」

ペドロ1世は残忍王というあだ名がある、セゴビアのところで登場した王である。

ペドロ1世王は、アルハンブラ宮殿のようなイスラム教の宮殿にとても憧れ、グラナダやトレドからも建築家をよんで、イスラム風の宮殿を建てさせた。この後アルハンブラ宮殿も訪れるが、建築が

ライオンの門

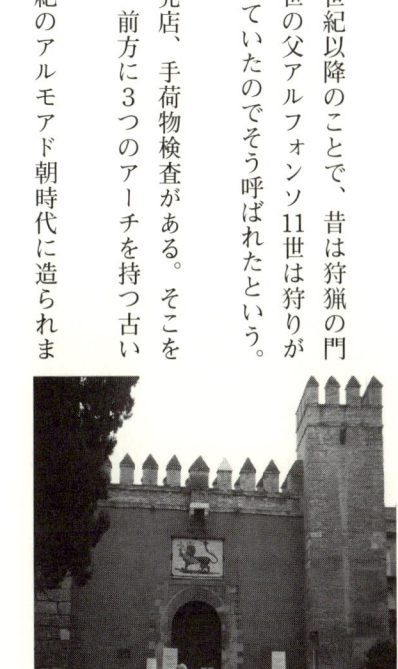

似ていると思われるような部屋も見られる。

「右の建物は、カサ15頁②・デ・コントラタシオン（交易裁判所）と呼ばれています。16世紀に建てられました。まずはこの建物から見てみましょう」

これも黄色い建物で、2階はガラス張りの博物館となっており、1階のアーチをくぐって建物に入ると、すぐに提督の間（Salón del Almirante）と呼ばれる部屋がある。細長い部屋で、19世紀の前半に描かれた絵画が壁に展示されている。「1929年のイベロ・アメリカ万博の開会式」「聖フェルナンドの死」「カトリック王フェルナンドのロハ征服」「フェルナンド7世とマリア・クリスティーナ・デ・ナポリの肖像画」が見られる。

提督の間の隣には、謁見の間（Sala de Audiencia）があり、16世紀の礼拝堂を改造したところである。

「ピンクの壁面には祭壇があり、1531年から1536年に描かれた『船乗りたちの聖母マリア』の祭壇画があります。聖母マリアが、アメリカ大陸への航海を見守る姿が描かれています。周りに描かれている人物は、カトリックの聖人たちです」

この建物の2階は、タイルなどの展示室となっている。

「では、次にペドロ1世の宮殿に入りましょう」

ペドロ1世の宮殿は、1356年から1366年にかけて増改築された。後に、カトリック両王によって、そのまた後には、ハプスブルク朝の王によって改築されている。

ペドロ1世の宮殿（右はカサ・デ・コントラタシオン）

アルハンブラ宮殿をまねた、ムデハル様式の傑作、ペドロ1世のこだわりの宮殿といわれる。

内部は、乙女の中庭と呼ばれる、アルハンブラ宮殿のアラヤネスの中庭、あるいはライオンの中庭に似た長方形の美しいパティオをさまざまな部屋が取り囲んでいる。

「中庭は回廊で囲まれています。回廊には美しいイスラム様式のアーチで飾られています。この階にある周りの部屋は主に訪問客を迎え入れるのに使われ、上の階はプライベート空間でした。2階は1540年から1572年に改築されました。柱も同じ16世紀に取り換えられました」

ガイドに連れられて、中庭とつながっている部屋を順番に見学した。

「この部屋は、『カルロス5世（1世）の天井の間』と呼ばれています。16世紀に造られた格天井《ごうてんじょう》から、この部屋の名前があります。床には幾何学模様のタイルが敷かれています。壁の下の部分もタイルです。天井や窓枠は木の枠が使われていてとてもかわいいですね。木の扉は、ムデハル様式の幾何学模様が使われています。イスラム教徒は偶像崇拝が禁止で、装飾にも、植物などをデザインした幾何学模様が使われていました。ペドロ1世はキリスト教の王でしたが、宮殿の建築やデザインには、イスラム風にとことんこだわったのですね」

多くの部屋は、上部が漆喰、下部にタイルが使われているが、タイルの装飾も、糸杉の木をパターン化したものが多い。

乙女の中庭

「『大使の間』は、ペドロ1世の宮殿の中でも一番豪華な部屋です。もともと、イスラム時代にもここには部屋がありましたが、今見られるのは、主に14世紀のペドロ1世の時に改築されたものです」

部屋は正方形で、天井には金色に装飾されたドームが輝いている。

「この天井のドームは、ペドロ１世の時代でなく、１４２７年につくられたものです。半円形のドームは、メディア・ナランハと呼ばれています。半分に切ったオレンジという意味です。確かにそう見えますね。ちなみに、スペイン語でメディア・ナランハというと『良い伴侶』という意味もあります」

部屋の上方には、16世紀の終わりごろに造られた木製のバルコニーがある。

壁は、他の部屋にも見られる、漆喰とタイルが使われている。

大使の間の馬蹄型3連アーチをくぐると、「フェリペ2世の天井の間」という細長い部屋がある。天井は正方形の木組みがはめられている。入口には鳥の装飾があり、クジャクのアーチと呼ばれている。

15頁⑦「人形の中庭」は、内側の中庭で、中庭というよりも部屋のような空間になっている。女王に割り当てられた部屋といわれる。吹き抜けの天井がある。１８４７年から１８５５年に改築され、その時に1階と2階の間に中2階が設けられた。10本の大理石の柱は、その時の改築で、大理石職人によってつくられた。

「人形の中庭という呼び名は、元々、小さな中庭なので、子供を育てるために使われたからだといわ

「大使の間」の天井のドーム

れていました。また、アーチの柱の上の方に、人形というか、女の子の顔があるからだとも言われます」

ガイドが人形の顔のある方向を指さしながら尋ねた。

「あの上に顔がありますが、見えますか」

隣接する「王子の間」は、1478年にカトリック両王の長男、ファン王子が誕生したといわれている部屋である。イサベル女王は、レコンキスタ中でスペイン各地を回っていたので、5人の子供の生まれた場所は全て異なる。ファンだけがセビーリャで生まれた。

乙女の中庭の脇の階段を上がると、ゴシックの宮殿に抜けることができる。

ガイドに付いて、今度はゴシック宮殿を見学した。

「セビーリャは、1248年にフェルナンド3世によって征服されました。その息子であるアルフォンソ10世によって、この宮殿は建てられました」

アルフォンソ10世（在位1252～1284）は、ペドロ1世の4代前の高祖父にあたる。

13世紀、スペインではゴシック様式が流行していた。アルフォンソ10世は、航海の中庭に隣接してゴシック宮殿を建てた。1階にはゴシックの遺構が残っているが、大部分は16世紀のカルロス1世の時代に改築されている。

壁の下部のタイルは、1577年から1578年のフェリペ2世の時代に、タイル職人によって装飾された。ムデハル様式の幾何学模様と違って、こちらには、動物がデザインされている。

「『タペストリーの間』は、18世紀に改築されました。6枚のタペストリーが壁に飾られています。これらは、１７３０年代に完成したものです。モチーフとなっているのは、16世紀のカルロス1世のチュニス征服です。地図、ゴレタの攻略、チュニスの攻略のシーンなどがタペストリーの中に見られます。タペストリーは10枚製作され、６枚がここに、残りの４枚はマドリードにあります」

ゴシック宮殿と呼んではいるものの、実際のところ、16世紀のルネッサンス様式、18世紀のバロック様式などが取り込まれている。一角には礼拝堂もある。

「ここは、アルフォンソ10世時代の１２７１年に造られたサン・クレメンテ礼拝堂があったところだといわれています。今では、聖母マリアの祭壇画があります。これは、18世紀に造られたものです」

ゴシック宮殿の下の階には、ペドロ１世の愛妾であったマリア・デ・パディージャの名を持つ浴場跡がある。

外に出ると、オレンジの建物から水が池に流れ落ちている15頁⑥「メルクリウスの池」がある。暑い夏だととても涼しく見える。もともとは、アラブ時代に城全体の水の供給を調整する用水池として造られたものを改造したといわれる。

池の中央には、１５７６年に造られたギリシャ（ローマ）神話のメルクリウス（マーキュリー）のブロンズ像が立っている。同じ建築家によって、池の周りの手すりや、小さなライオンの像も造られた。

今回は、半日で、セビーリャの見どころを見学したので、アルカーサルの見学はこの辺りで終わりとしよう。もしセビーリャに何日も滞在することができるなら、庭園をゆっくり見るのも良い。

宮殿、庭園共に隅から隅まで見ると、２，３時間はかかる。それだけ庭園が広いのだ。

花の庭、王子の庭、貴婦人の庭、英国の庭などと名付けられている庭が多くあり、ところどころに、カルロス1世のパビリオンや、ライオンのあずまやなどの建物があるので、暑いときにも休憩しながら散策できる。

カテドラルとヒラルダの塔

セビーリャ最後の見学は、カテドラルである。

アルカーサルの入口付近から、カテドラルのヒラルダの塔が見える。近くでは全体の写真が撮りにくいのでこのあたりで撮ることをお勧めする。

ヒラルダの塔は高さ98メートル、途中の70メートルのところまで歩いて上ることができる。

「内部は階段ではなくスロープになっています。なぜなら、イスラム時代、この塔はミナレットとして使われ、塔に上る人は歩いてではなく、馬に乗って上っていたからです」とガイドが説明した。「馬」でなく、「ラクダに乗って」というガイドもいる。

イスラム時代、この場所にはモスクが建てられていた。ヒラルダの塔は、モスクのアルミナル（ミナレット）として使われていた。レコンキスタ後にモスクを取り壊して、カテドラルを建てることになり、1401年に建設が開始された。それから、100年以上の歳月をかけて、セビーリャのカテ

カテドラルのヒラルダの塔（右はアルカーサルの城壁）

ドラル、つまりカトリック大聖堂が完成した。

「ローマのサン・ピエトロ寺院、ロンドンのセントポール寺院に次ぐ、世界第３の規模を誇っています。また、ここでは、１９９５年に、スペイン王家の長女エレーナ王女が結婚式を挙げました。しかし、残念ながら２００９年に離婚しました」

　モスクを壊してカテドラルを建てたと説明したが、西ゴート時代には教会が建っていた。門を入ると中庭があり、オレンジの木がたくさん植えてある。コルドバのメスキータにもあったが、オレンジの中庭と呼ばれている。こちらもマーマレード用らしい。

　オレンジの中庭から回廊を少し歩き、入口から内部に入る。入ってすぐ左手にヒラルダの塔への上り口がある。

「ヒラルダの塔へ上りたい人は、いまから上ってください。往復で20分ほどかかります。全員が下りてからカテドラルの見学を始めます。上りたくない人は見学しながらお待ちください。では、25分後にこの場所に集合してください」

16頁①ヒラルダの塔の上からは、セビーリャの市街を３６０度見渡すことができる。

　カテドラル内部には、王室礼拝堂を始め、多くの礼拝堂がある。

　１４０１年に着工後、１００年以上もの歳月をかけて、１５１９年に一応完成したが、内部の礼拝堂の建築や装飾工事は19世紀の末まで続けられた。総面積は約２万３４６０平方メートル。天井ドームは、最も高いところで37メートルある。

「では、他の教会では見られない、サン・アントニオ礼拝堂とコロンブスの棺《ひつぎ》をご案内しましょう」

サン・アントニオ礼拝堂に入ると、右手に大きな聖アントニオの絵が目にはいる。これは、セビーリャ生まれの画家ムリーリョが描いたものである。絵の下部でひざまずいている人が聖アントニオだ。

「聖アントニオは、失せ物の聖人です。何か失くして探し物のある人はここでお祈りしてください」

その上に愛らしい表情の天使が描かれている。絵をよく見ると、アントニオを囲むように筋のような線が見える。実は、かつてこの絵の聖アントニオの部分だけが切り取られて盗まれた。それが後にニューヨークの骨董品店で見つかり、買い戻して、切り取られた部分をもう一度張り付けた跡だ。

画家ムリーリョは、カディスの教会で天井画を描いているとき、足場から落下して亡くなった。スペインを代表する画家の一人で、セビーリャの人々の誇りでもある。

サン・アントニオ礼拝堂の反対側にはコロンブスの棺がある。

「ブロンズ製の4人の王の像が棺を抱えています。白い顔はアラバスターでできています」

この棺の中の遺骸がコロンブスだという。近年にはＤＮＡの鑑定もされたので確かなようである。

「コロンブスは１５０６年にスペイン中央部のバリャドリードで亡くなり、しばらくはセビーリャに葬られました。その後、息子ディエゴの未亡人が、新世界の入植中心地エスパニョーラ島に移住した

聖アントニオの絵

とき、亡骸がカリブ海に浮かぶエスパニョーラ島のサント・ドミンゴ（現在のドミニカ共和国の首都）大聖堂の主礼拝堂に納められました。１５４２年のことです。その後、１７９５年にはエスパニョーラ島がフランスに征服されたため、当時スペイン領だったキューバのハバナの大聖堂へと移されます。19世紀には中南米のスペイン領が次々と独立していき、１８９８年には最後の植民地であったキューバも独立したため、コロンブスの遺骸はセビーリャへと戻ってきました」

　コロンブスは、死後も実にいろんなところを旅したようだ。

「棺を抱えている4人は、カスティーリャ、レオン、アラゴン、ナバラの王たちです。王の前垂れに描かれている紋章ですが、左側の城の紋章がカスティーリャです。城はスペイン語でカスティーリョです。右のライオンの紋章はレオン王国です」

　後方右側、鎖の紋章は「ナバラ」、左の縦縞の紋章は「アラゴン」である。

　正面右の王が槍で突いている赤い球形のような物はザクロ、つまりグラナダである。カトリックの国々が一体となって、スペイン王国が誕生し、最後のイスラムの王国であったグラナダ（ザクロ）を倒したという、キリスト側の勝利を表している。ザクロのことをスペイン語でグラナダという。

　ちなみに、スペインの国章にもこの4王国の紋章と下部にグラナダ王国のザクロが描かれている。真ん中の円は、現在のスペイン王家ブルボン家の紋章であり、左右の柱は、

コロンブスの柩

スペイン国章

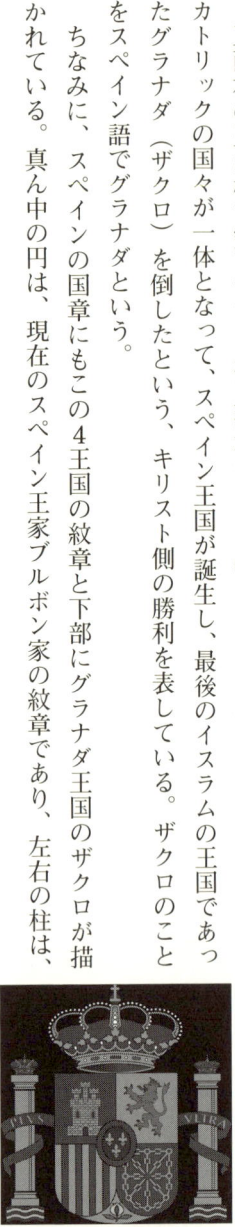

ヘラクレスの柱である（１８７頁参照）。

カテドラル見学の後は、ほんの少しだけフリータイムを取ることになった。

カテドラルの隣にある建物は、共に世界遺産となっている「インディアス古文書館」である。

１５７２年に商品取引所として建てられたものであるが、１７８４年からは、「アメリカ新大陸」に関する文書を保管するための会館となった。

フリータイムの後、すぐ近くのグアダルキビル川沿いに建つ「黄金《16頁⑦》の塔」の近くからバスに乗った。

「黄金の塔は、13世紀に建てられました。かつては金色のタイルが貼られていましたので、黄金の塔と呼ばれています。川の対岸には、いまはありませんが、『銀の塔』もありました。そして、２つの塔に鎖をかけて、川を航行する船を止め、侵入者を防いでいたのです。いまは海洋博物館となっています。16世紀には、アメリカ新大陸から持ち帰った金銀を保管していたから黄金の塔と呼んでいるという説もありました」

コロンブスの航海

カトリック両王、イサベルとフェルナンドによってグラナダが攻略されたのが１４９２年の１月２日のこと。その同じ年の10月12日には、「コロンブスがアメリカ大陸を発見」したことになっている。そのため、いまでは10月12日は「スペインの日」という祭日になっている。

「発見」というとまるで無人島を発見したみたいだが、アメリカ大陸には先住民がいた。その人たちを虐殺して宝を奪い、乗っ取ってしまったのだから「侵略」「略奪」ではないかと言われ、発見という言い方に問題があるとされた。ここではニュートラルに、「到着」「たどり着いた」ということにし、発見という言葉を使うときは「」(かっこ)書きにすることにする。

実は、コロンブスはスペイン人ではなく、イタリア人である。

「コロンブス」という呼び名は、英語のColombus(コロンバス)から来た日本での言い方で、本名は、クリストフォロ・コロンボというイタリア名である。刑事コロンボのようだが、アメリカのロサンゼルス警察のコロンボ刑事もイタリア系であり、イタリア語が話せる。

スペイン語ではクリストバル・コロンと呼ばれるので、スペインの町の至るところにColónと名の付く通りや広場やホテルがある。マドリードのプラサ・デ・コロン(Plaza de Colón)はコロンブス広場という意味である。

コロンブスは、1451年、イタリアのジェノバに生まれた。イサベル女王と同じ年である。20歳ごろ、航海中にポルトガル領に漂着して、リスボンで、貴族の娘であったフェリパ・ペレストレーロと結婚した。1480年には長男ディエゴが生まれる。妻の一族は、もともとイタリア貴族だったが、コロンブスの航海への夢に影響を与えた。

当時は、航海士たちがインドやほかのアジアへ行こうと思えばアフリカ大陸を回らなければならなかった。なぜなら、スエズ運河がまだなかったからだ。

スエズ運河ができるのは1869年のことなので400年も後の話である。

コロンブスは、もし世界（地球）が球形なら大西洋を通って西回り航路で「インド」へ行けるはずだと考えた。その夢をいろんな人に話し、資金作りのために航海案の検討を持ちかけた。しかし、ポルトガル王ジョアン2世への売り込みに失敗、そして妻の死後、ディエゴを連れてスペインへ行った。

そこでも、グスマン公爵やセリ伯爵などに話を持ちかけるが乗ってもらえない。そして、セリ伯爵がイサベル女王にこの話を持ち込んだ。

イサベル女王は、コロンブスとは3回会見し、検討したが、レコンキスタ終了前だったので非常に忙しく、コロンブスの夢に付き合っている暇もなかった。

そして1492年4月17日、グラナダ奪回後になってやっと、サンタフェで条約が結ばれ、西行きの航海が軌道に乗った。つまり、最終的にはイサベル女王がスポンサーとなったのである。

同年8月3日、コロンブスの船、サンタ・マリア号、ピンタ号、ニーニャ号がパロス港を出発した。

パロス港（Palos）はセビーリャから西に行ったところにある。

それから2カ月以上経った10月12日、最初の島へとたどり着いた。そこは、アメリカのフロリダ半島から南西84キロにある「グアナハニ」という島で、後に「サン・サルバドール島」と呼ばれるようになる。「サン・サルバドール」というと、中米エル・サルバドールの首都のサン・サルバドールと混同するが、現在のバハマのサン・サルバドール島のことである。それが「アメリカ大陸到達」につながる第一歩であった。

しかし、当時、「アメリカ」とは呼ばれていなかった。

では、コロンブスは何を探しに行ったのか。ジパング（日本）や中国、そしてインドのあるアジアへ西回りで行くつもりだったのである。そのため、自分がたどり着いたところがインドだと思っていた。だから、住人を「インディアン（スペイン語ではインディオ）」と呼び、いまに至っている。

アメリカ原住民もインディアン、インド人も英語ではインディアンなので非常に紛らわしいが、コロンブスが間違えたのが原因である。

西回りでの実際のインドは、まだまだ、はるかに遠いところだったわけだ。

コロンブスは１５０６年にバリャドリードで亡くなるまで、自分のたどり着いた島は「インド」だと思っていた。

しかし、後にイタリア、フィレンツェ出身のアメリゴ・ヴェスプッチが調査して、これが間違いだということが証明される。そして、その「発見」された「新大陸」を彼の名をとって、「アメリカ」と呼ぶことになった。彼が出帆したのが、ここセビーリャ港である。

それ以降、セビーリャは、アメリカ大陸との交易の独占権を確保し、多くの航海者たちのヨーロッパの玄関口となった。

ロンダ

セビーリャからロンダへはバスで2時間ほどかかる。

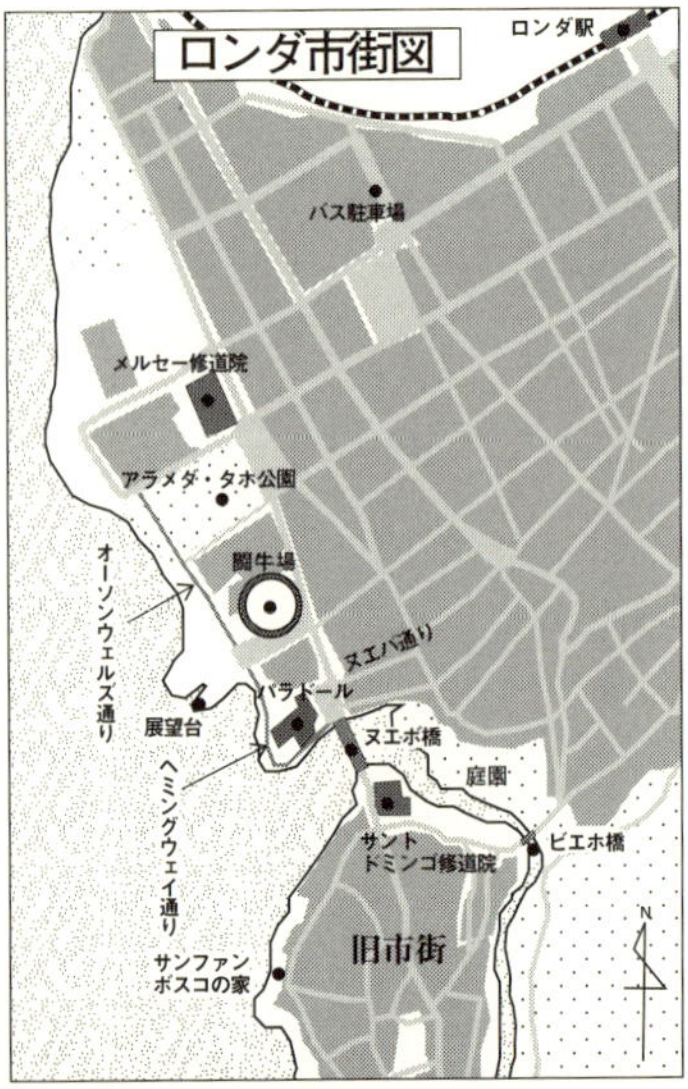

ロンダ（Ronda）は、海抜７３９メートルのところに位置する人口３万４千人ほどの町である。

バスがロンダへと入ったとき、鉄道駅の前を通過した。ロンダへは列車で来られるが、本数が少なく遅れることもあるので、個人で来るなら、グラナダやセビーリャからバスを利用したほうがいい。

バスの駐車場でガイドと待ち合わせて、徒歩での観光となった。

ガイドについて歩いていくと、17頁①メルセー修道院が見えてきた。メルセス修道会によって16世紀に建てられたものである。メルセス修道会といっても日本人にはなじみはないが、モーロ人の捕虜となったキリスト教徒の救出を目的に、１２１８年に聖ペドロ・ノラスコによってバルセロナに設立された修道会である。メルセー修道院は１８８２年に閉鎖されたが、１９２４年にカルメル会（12世紀に創設）の女子修道院として復活し、カルメル会の修道女たちが生活している。

「彼女たちの日常の仕事は、ロンダのケーキやパンをつくることです」

この教会の中でしか売っていないクッキーらしいが、ツアーでは時間がなくて、なかなかお目にかかることもできない。

（闘牛士の像のあるアラメダ・タホ公園と闘牛の話）

教会のすぐ南側に大きな公園が見えてくる。アラメダ・タホ公園だ。

「この公園は、ロンダの人々の憩いの場でもあります。公園内にあるこの闘牛士の像は、われらのヒーロー、ペドロ・ロメーロです」

公園内の闘牛士の像

スペインと言えば、闘牛とフラメンコというイメージがあるが、この2つはスペインのどこに行っても通用するものではない。どちらもこのアンダルシア地方のものだ。そして、闘牛の発祥地がこのロンダなのである。

闘牛、というよりも牛と闘う、牛同士を対決させるという儀式は古くからあったが、現在のスペインの闘牛の形ができたのは18世紀のことで、ロンダ出身のフランシスコ・ロメーロが考案した。最終的には、闘牛士が牛の頚椎、つまり首の後ろのところを剣で一突きして殺してしまう。元気良く飛び出してきた500キロもある牛が、20分後には観客の目の前で殺されてしまい、引きずられて退場して行く。牛は解剖に出され、肉は食用として売りに出される。

時には、闘牛士の方がやられ、大ケガをして病院に運ばれたり、命を落とすこともある。

闘牛は、4月から10月の中頃まで、毎週日曜日に各地で行われる。2時間くらいの競技で、6頭の牛（1頭20分ほど）が順に登場し、剣士と闘う。ツアーで闘牛を見に行く機会がないときは、テレビ中継もあるので、ホテルで部屋のテレビを見るといいだろう。

この闘牛を考案したフランシスコ・ロメーロの孫に当たるペドロ・ロメーロが、公園の像の人物で、闘牛士としての第一人者だった。彼は、現役中に6000頭の牛と闘った。1754年、ロンダに生まれ、8歳で闘牛士生活に入った。闘牛は大変危険な競技であり、有名な剣士でも牛の角に刺されて命を落としたり、大ケガをすることも少なくない。だが彼は現役中、一度もけがをすることなく、72歳で引退、90歳で亡くなった。まさに闘牛士になるために生まれてきた人である。「定年まで40年も働いた」何てものではない。64年間闘牛士生活を送った人だ。ロンダの人々にとって、いまでも誇りである。

今日は時間があったので、ガイドが公園の先まで連れて行ってくれた。

ロンダは、タホ渓谷の断崖絶壁の町であり、谷の深さは１００メートルほどある。アラメダ公園のあるところが一番深く、１７０メートルの高さがある。

もし、ガイドが連れて行ってくれなくても、後ほど行く「ヌエボ橋」のところから渓谷は見える。

公園から「オーソン・ウェルズ通り」と名づけられた小道を少し歩くと、ロンダの闘牛場17頁⑤が見えてくる。白くて丸い建物だ。１７８５年に建てられたスペイン最古の闘牛場の一つである。２００年以上も前に建てられたものだが、現在では他の町の闘牛場のように夏の半年間毎週使用するわけでなく、祭りの時だけ使われる。

ビゼーのオペラをもとにしたフランスのジョゼフ・ロージー監督の映画「カルメン」は、このロンダの闘牛場を舞台にしている。博物館として内部見学ができる。

渓谷沿いに「ヘミングウェイ通り」と名づけられたパラドールの裏側を歩いていくと、ヌエボ橋の全体を見ることのできる絶景ポイントに出る。ヘミングウェイもオーソン・ウェルズもこの町が好きで度々訪れたといわれている。

タホ渓谷の絶壁

（ヌエボ橋とロンダの景観）

闘牛場のすぐ南側には、にぎやかな土産店が並ぶスペイン広場がある。広場の真ん中の胸像は、ドン・アントニオ・リオス・ロサスで、ロンダでは有名人である。1862年の国会の大臣の代表者であった。

ヌエボ橋のそばの建物は、1843年の旧市会会館（市役所のようなもの）で、1994年にパラドール（国営ホテル）としてオープンした。このパラドールを取り囲むようにテラスが張り巡らされている。ロンダのタホ渓谷の絶壁がここから見下ろせる。ロンダでの滞在が1時間もとれないときは、この辺りまで歩いて来るのが精一杯なので、このテラスからの景観を楽しむのがいい。

いままで歩いて来たところは新市街で、タホ渓谷にかかるヌエボ橋を渡ると旧市街17頁⑧になる。

ヌエボ橋とは「プエンテ・ヌエボ（新しい橋）」で、1751年に着工、1793年に完成した。200年以上前に造られたのに新しいとは、日本では考えにくいが、別に「古い橋」があるのでこう呼ばれている。古い橋17頁⑥（「プエンテ・ビエホ」）はローマ時代の石組みの上に造った橋で、1616年に完成した。ローマ橋とも呼んでいる。

ヌエボ橋からの眺めも最高である。谷から橋までの高さは98メートルある。

橋の下に、ドアの付いた部屋のようなところが見えるが、かつては牢屋として使われていた場所で、いまはロンダの博物館となっている。階段を下りて見学することもできるが、料金が必要である。下

ヌエボ橋

りてみた人の話では、暗い部屋の中に、ロンダの歴史がスペイン語と英語でパネル展示してあるだけで、他には何もなかったとのことだ。

（ロンダの旧市街）

橋を渡ってすぐ正面に見える大きな建物は、サント・ドミンゴ修道院で、カトリック両王によって建てられた。かつて、この修道院の中には、異端審問の裁判所が設けられ、魔女裁判が行われていた。

ロンダの町もイスラム教徒の支配が長く、１４８５年にキリスト教徒に奪回された。グラナダを砲塁する7年前まではイスラム教徒が支配していたのである。

ガイドが「サン・ファン・ボスコの家」へ連れて行ってくれた。この家は、典型的なアンダルシアの豪邸で、パティオがあり、セラミックタイルが壁にふんだんに使われていて、夏でも大変涼しい。テラスからは、先程通ってきたヌエボ橋や渓谷、谷の向こうの新市街が見渡せる。

個人的には、ロンダのパラドールに泊まるのが好きである。その場合は、ゆっくりと新市街から旧市街まで個人で見て歩きたいところだ。17頁⑦パラドール前の広い通りを渡って東へいくと、ビジャ・ヌエバ通り（Calle Villa Nueva）があり、18世紀の建物が並んでいる。その道をずっと奥に行ってテラスの庭園を通り過ぎると、プエンテ・ビエホ（古い橋）に行ける。その北側一帯は、商店やレストラン、カフェが並ぶ商店街があって、にぎわっている。

ジブラルタルとアフリカのスペイン領

ロンダからコスタデルソル方面へ行くとき、天気が良ければジブラルタル(Gibraltar)の岩が見えることもある。さらに、地中海を越えてアフリカ大陸までうっすらと見えるときもある。海の向こうはアフリカである。アフリカまでたったの14キロなのだ。

「ピレネーを超えるとそこはヨーロッパではなくアフリカだ」とナポレオンが言った。フランスからピレネー山脈を越えてイベリア半島へ来るよりも、船でアフリカへ渡る方が早くて楽なのである。

海の向こうはアフリカ大陸だが、そこにスペイン領が2か所ある。セウタとメリーリャだ。

セウタ(Ceuta)にはジブラルタルの西にあるアルヘシラス(Algeciras)からフェリーが頻繁に出ている。セウタには、筆者も1月初旬に行ったことがあるが、温暖な気候で、冬でも気温23度という暖かさだった。

アルヘシラスからは、セウタの西にあるモロッコのタンジェ(Tanger)行きのフェリーも出ている。ヨーロッパからモロッコへ行くときの海の玄関口である。アルヘシラスの港の近くでは、スペインというよりもイスラムの町と見まがうぐらい、北アフリカの人をたくさん見かけた。宿のフロント係から屋台の食堂の女将さんまで頭にスカーフを巻いたアラブ系の人が目立った。

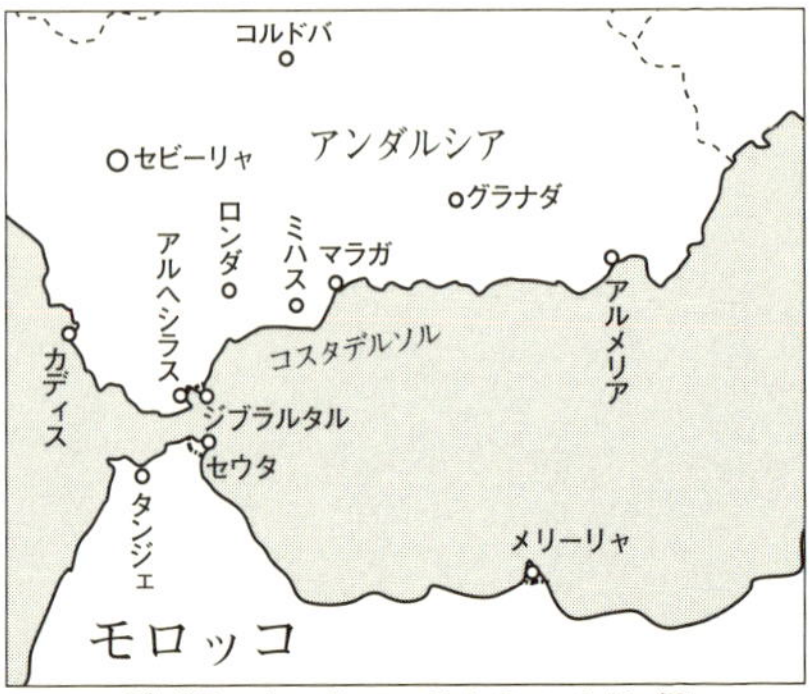

ジブラルタルとアフリカのスペイン領

メリーリャ（Melilla）へは、マラガから船が出ている。

逆に、スペイン（イベリア半島）の中にイギリス領もある。それがジブラルタルだ。

18世紀の初期に起こったスペイン王位継承戦争の最中にイギリスがジブラルタルを占領、1713年のユトレヒト条約により300年以上もここを自国領として現在に至っている。

711年、モーロ人（ベルベル人を中心とする北アフリカのイスラム教徒）であるターリックがモロッコからイベリア半島の南端の岩へ到着したことから、その岩のことを「ターリックの岩─ジュベル・ターリック」と呼んだのがなまってジブラルタルとなった。スペイン語では、ヒブラルタルと発音する。

ギリシャ神話に登場するヘラクレスの柱は、北はジブラルタルの「ジブラルタルの岩（Rock of Gibraltar）」であり、南はセウタの「モンテアチョ（Monte Hacho）」だと言われている（モロッコ領「ヘベルムサ山（Jebel Musa）」との説もある）。

コスタデルソル

コスタデルソル（Costa del sol）とは太陽の海岸という意味で、アンダルシア州の地中海沿岸地域のうちマラガを中心に東西160キロの海岸線をいう。マラガから西へと向かって、トレモリーノス、フエンヒローラ、マルベーリャと続く。トレモリーノスが一番賑わうところで、スペイン語よりも英語のほうが通じやすいと言われているぐらいだ。観光客用のホテルだけでなく、長期滞在者用のコンドミニアムもたくさんある。北ヨーロッパの人たちにとって、スペインはあこがれの地でもあるので、バカンスシーズンになると、北ヨーロッパの人たちが太陽を求めて地中海沿岸へとやってくる。コスタデルソルの中でも高級リゾートといわれているのが、マルベーリャである。別荘地としても名高いが、イスラム時代には小さな漁港だった。

フエンヒローラは、比較的静かな海岸で、これから行くミハスはフエンヒローラからバスで30分ほど高台へ上がったところにある。マラガからも30分から40分ほどである。

ミハス

ミハス（Mijas）は、アンダルシアでよく見られる「白い村」「白い町」の1つで、日本からのツアーにはたいてい組み込まれている。

ミハスでは歴史的建造物を見学するというわけではないのでガイドはつかなかったが、添乗員が勝手に案内することは禁止されているので、バスの中で地図を配っておもな見どころを説明して、昼食を摂った後、2時間ほどのフリータイムとなった。

駐車場近くでは、町を一周する観光馬車やロバのタクシーが客待ちをしている。おもな見どころを挙げておく。パンフレットの表紙などにも載っているサン・セバスチャン通りは、白い家が並ぶ緩やかな坂道で、写真スポットとして良い。坂道を上

ミハスのサン・セバスチャン通り

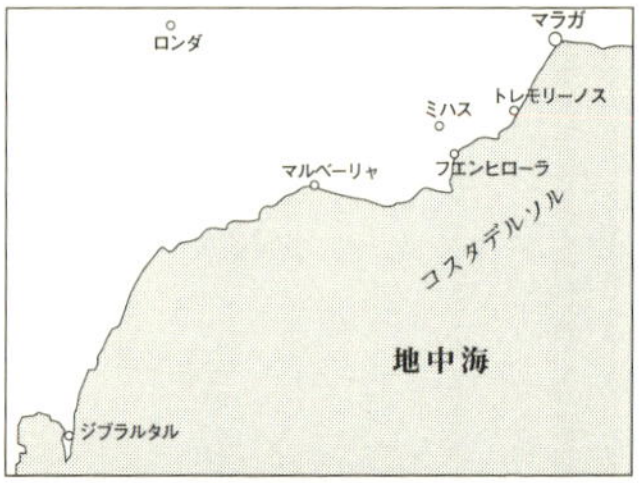

コスタデルソル

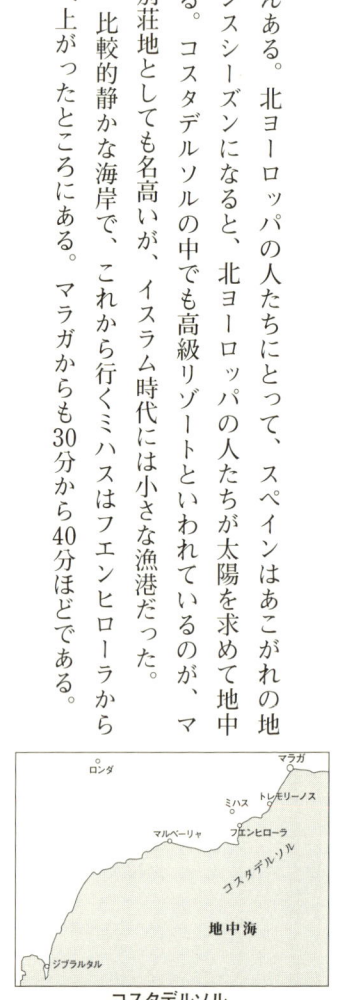

りきった場所からは町が見渡せる。ミハスや他の白い村では、春が来るたびに家の壁を白くきれいに塗り直す。太陽が白い壁に反射して、町全体が美しく見える。サン・セバスチャン通りにこだわらず、町全体が白い家の通りなので自分の好きな通りというのを見つけてゆっくり過ごすのも良い。南欧に白い家が多いのは、夏は40度を超える暑さなので、光を吸収させないためである。湿度は低いので、日本のように窓を大きくして風通しを良くする必要がなく、窓は比較的小さい。

高台にあるので、展望台もたくさんあり、フエンヒローラ18頁③の町が見渡せる。景色のよいカフェやバールでゆっくりしても良い。

行動派であれば、駐車場から左へ少し歩いたところに、ロバ18頁④のタクシー乗り場があり、その近くには洞窟18頁②の礼拝堂があるので覗いてもいい。

また、ミハスにも闘牛場がある。白い四角い小さな闘牛場で、外からでも少し見えるが、お金を払って中を見学することもできる。入ってすぐのところにある階段を上ると、高い位置から市街を見渡すこともできる。闘牛場の側にも教会があり、その先には展望台がある。

町には小さな市場もある。肉屋、八百屋、魚屋などひととおりそろっている。

ミハスは時間内にあわてて走って観光するよりものんびりとお土産を探しながらぶらぶらするのが楽しいところでもある。町中が土産店のようになっている。

バスの駐車場付近には、この地方の特産品であるアーモンドをローストして砂糖とは

ミハスの闘牛場

ちみつを使ってからめたガラピニャーダ（Garrapiñada）を売っている屋台18頁⑤がある。塩でローストしたものもあり、ビールやワインのおつまみに、おやつに、お土産にもいいので筆者も毎回買って帰る。

グラナダ

ミハスからグラナダ（Granada）へはバスで約2時間、内陸へと入っていく。グラナダのホテルで一泊した後、朝ホテルを出発して、バスでアルハンブラ宮殿へと向かった。

「グラナダは、人口24万人くらいで、大学の町でもあります。標高３４７８メートルのシエラネバダのふもとにあります。日本語ではシエラネバダ山脈と言っていますが、「シエラ」が山脈、「ネバダ」は雪に覆われたという意味です。夏は暑いですが、冬は、同じアンダルシア地方でも、コルドバやセビーリャよりも寒いです」

真夏には、最高気温40度以上の日が続くことが多い。

「スペインはカトリックの国ですが、これから訪れるアルハンブラ宮殿は、イスラム教徒が建てた宮殿です。グラナダは、８世紀から15世紀末の１４９２年まで、８００年近くもの間、イスラム教徒の支配下にありました。アルハンブラ宮殿は、１２００年代から、イスラム教徒の王様たちが建てた宮殿です。日本で言うと、鎌倉時代から室町時代くらいの建築です」

イベリア半島をイスラム教徒が支配した時代は、大きく3つの時期に分けることができる。

最初は、コルドバを首都としたウマイヤ朝（後ウマイヤ朝）の西カリフが支配していた時代。これは、北アフリカのイスラム教徒、モーロ人と呼ばれる人たちがイベリア半島に侵入してきた8世紀から始まり11世紀まで続いた。10世紀にはコルドバが繁栄した。

第2期は、11世紀から13世紀で、モロッコのマラケシュを首都とする北アフリカのアルモラビド朝、その後のアルモアド朝によるセビーリャがイベリア半島の行政上の首都であった時代。

そして第3期が、13世紀から15世紀の末までで、グラナダのナスル朝がアンダルシアの南部を支配した時代である。この時代にアルハンブラ宮殿は建設された。

13世紀の中ごろには、コルドバ、そしてセビーリャもキリスト教徒に征服され、残るイスラムの版図はグラナダを中心とする、西はカディスから東はアルメリアまでの東西に長い地域だけであった。

すでに、イスラムのアルモアド朝は、１２１２年のナバス・デ・トローサで大敗し、１１９８年からのカリフであったムハンマド・アル・ナシルが１２１３年に没した。その後継者はユスフ２世で

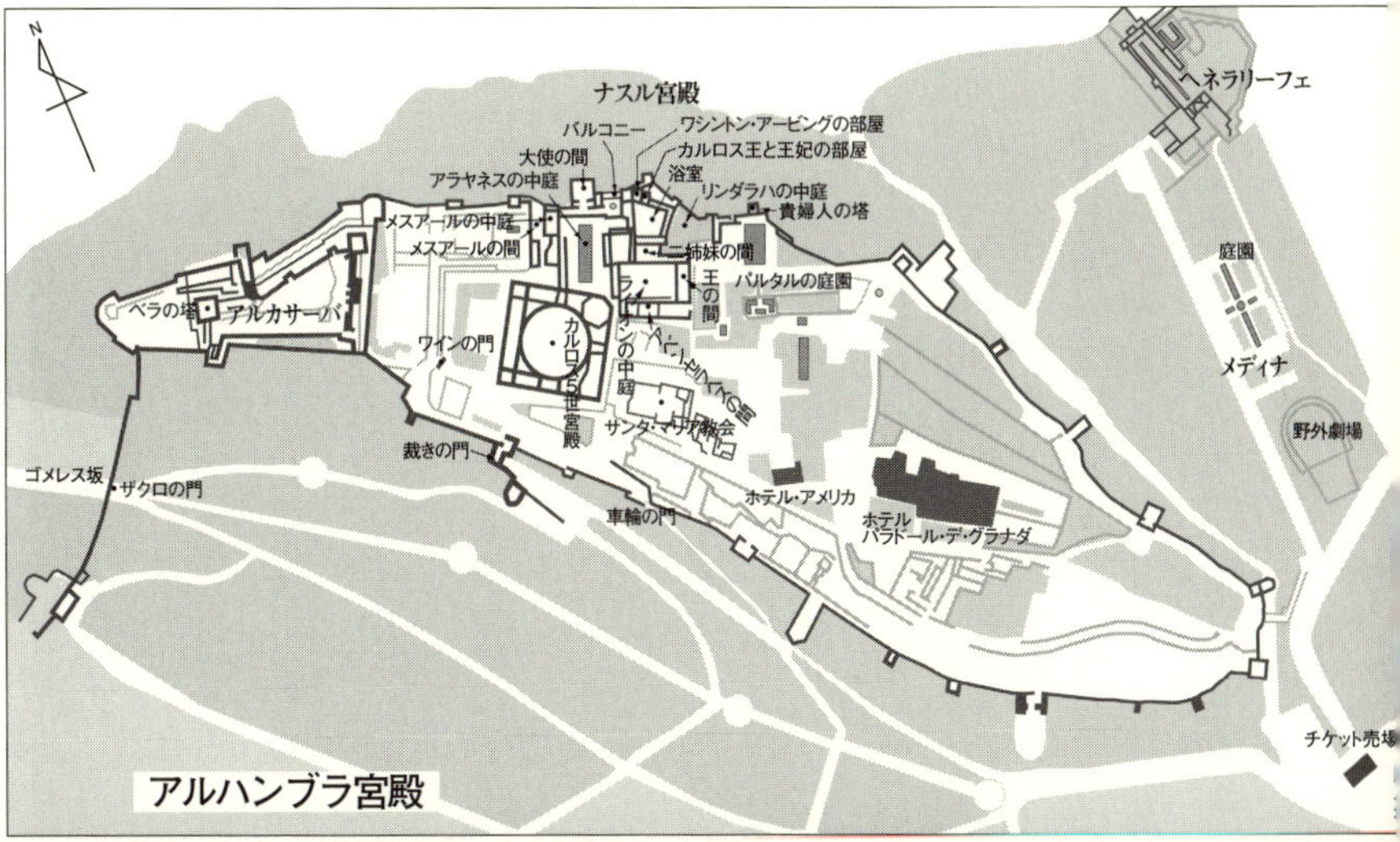

アルハンブラ宮殿

あったが、1223年に後継者を残さずに死去した。そして、アルモアド朝は、ベニメリン朝（マリーン朝）に1269年に吸収されてしまい、首都はマラケシュからフェズに移されてしまう。

そんな不安定な時代に、グラナダ王国のナスル朝が生まれ、アルハンブラ宮殿の建築が始まった。

アルハンブラ宮殿観光

バスは、アルハンブラ宮殿のヘネラリーフェの入口近くにある駐車場に到着した。これから、アルハンブラ宮殿（la Alhambra）とヘネラリーフェ離宮（Generalife）を歩いて見学する。

日本語を話すスペイン人ガイドの案内で、駐車場から坂道を下り、その後今度は上り坂を少し歩くと「19頁①車輪の門」がある。この門はイスラム時代でなく、ずっと後の16世紀に造られた。車輪の門近くから「裁きの門」が見える。これはイスラム時代の門で、門の上に手の形がある。

「この手は、5本の指、つまりイスラム教の教えである「5行」を表しています。一つは、アッラーの他に神はないこと、2に一日5回の礼拝をすること、3に喜捨、貧しい人に与えること、4に断食、5にメッカへの巡礼をすることです」

車輪の門をくぐると、右手に19頁②サンタ・マリア教会が見える。

「この場所には、かつてイスラム教のモスクがありました。そのモスクを取り壊して、教会が建てられました」

次に進むと四角い大きな建物がある。

「これは、アルハンブラ宮殿ではありません。これもイスラム教徒によって建てられたものではなく、ずっと後の時代である16世紀に、カルロス5世（1世）王によって建てられた宮殿です。カルロス5世を知っていますか。アルハンブラ宮殿は、1492年1月2日に、カトリックの王様フェルナンドと、イサベル女王によって、開城されました。2人のことをカトリック両王と呼んでいます。そのカトリック両王の孫がカルロスで、スペインの王様になります」

この宮殿は、16世紀にカルロス1世（5世）が、アルハンブラの敷地内に、王妃イサベルのために建てさせた。設計したのは、ペドロ・マチューカという建築家である。しかし、この宮殿は未完成で、カルロスとイサベル王妃自身は、ここに住むことができなかった。

「この宮殿は3階建てにする予定でした。しかし2階までしかできませんでした。天井も未完成でしたので、20世紀に入ってから天井が造られました」

カルロスは、スペイン王としては正式にはカルロス1世なのであるが、神聖ローマ皇帝（ドイツ皇帝）カール5世なので、スペインではカルロス5世と呼ぶことが多い。紛らわしいので、本書ではカルロス1世で統一するが、この宮殿は「カルロス5世の宮殿」と呼ぶのが一般的である。

「この中では、闘牛や騎士の決闘も行われました。音響効果がいいので、今ではコンサートも行われます」

と言って、ガイドがパチンと手を叩くと、全体に響き渡った。

カルロス５世宮殿内部

カルロス5世の宮殿を出ると、今度はイスラム教徒が建てたアルハンブラ宮殿の見学となる。ここからはチケットが必要だ。

「ワインの門」と呼ばれるところから、グループで入場した。かつて、ここでキリスト教徒にワインが売られたので、こう呼ばれる。

「アルハンブラ宮殿」と私たちが呼んでいるところは、大きく3つの部分に分けられる。「アルカサーバ（砦）」「ナスル宮殿」そして、「ヘネラリーフェの離宮」である。これから、ナスル宮殿に入って、ヘネラリーフェの離宮に行く途中に、「メディナ」を通る。メディナは、アラビア語で「町」という意味で、かつて多くの邸宅があったところであるが、現在建物はほとんど残っておらず、一部は庭となっている（メディナを入れると、宮殿は3つではなく4つの部分に分けられる）。

カルロス5世の宮殿は、イスラム教徒のものではないので、この中には含まれない。

この中で一番古いのが、アルカサーバ（Alcazaba）と呼ばれる部分で、私たちがいま、カルロス5世の宮殿から出てきて王宮の入口へと行く途中、左手後方に見えているところである。

アルカサーバは、ローマ時代にすでに砦があった場所に、1238年にナスル王朝を建国したユスフ・イブン・ナスル・イブン・アルアマールによって建設が始まった。彼は後にムハンマド1世と呼ばれる（ムハンマドは、日本語のマホメッド、あるいはモハメッド）。そして次の王、ムハンマド2世の時代にアルカサーバの城壁が完成した。

一般的なツアーでは、アルカサーバまで見学することはあまりない。

一番奥の鐘のある塔が「ベラの塔」である。毎年1月2日に、その年に結婚したい女性はこの鐘を鳴らすことができる。いつも行列ができるそうだが、鐘を鳴らした女性が実際に結婚したかどうかはわからない。

「アルハンブラ」という名称は、アラビア語で赤い城を意味する。アルカサーバや離宮を含むアルハンブラは宮殿というよりも、むしろ城郭と言った方がふさわしいかもしれない。

建設は、アルカサーバに始まり、次にサビカの丘を全長2キロほどの壁で取り囲むようにして城壁を作り、その後から城壁の中にゆっくりと宮殿を造った。ナスル宮の建設は、14世紀になってから始まったが、一度にすべてが建てられたわけではない。

ワインの門をくぐっていくと、手荷物検査がある。ベンチにかばんを置いて、検査犬がかばんのにおいをかぎながらのチェックであった。次にチケットのコントロールがあった。

チケットはヘネラリーフェの離宮へ行くときにも見せるので失くさないようにしよう。チケットには個人の名前が入っており、時々抜き打ち的に（グループで2、3人ぐらい）本人確認のためのパスポート検査まである。ガイドの話では、アルハンブラ宮殿の予約が難しく、ダフ屋のような人がチケットの転売をするのを防ぐためらしい。

ナスル宮殿に入って最初の部屋はメスアール19頁⑧の間である。ナスル宮殿の中で第1の宮殿と言われているが、暗くて狭い部屋である。ここは14世紀の初め、イスマイル王の時代に建設が始まった。

アルカサーバ

グラナダの町で窃盗などを働いたものが、ここで取り調べられ、右手や両耳切りの刑が言い渡された。

「部屋の壁は漆喰でできています」

メスアールの正面奥には、小さな礼拝堂が見える。その右手には、イスラム教徒たちがアラーの神に祈りを捧げるミヒラブ19頁⑨と呼ばれる小さな祈祷室がある。

「このミヒラブはサウジアラビアのメッカの方に向いています。ここでお祈りをしていました」

右手にはドアがあり、そこを抜けると小さな中庭に出られる。「メスアールの中庭」19頁⑩と呼んでいる。

真ん中に噴水があり、2枚の大きな美しいドアがある。左手のドアは次の部屋へと進めるようになっているが、右手のドアを開けると場外に戻ってしまう。いまでは観光客のために左手側だけ開いているので必ずそちらへと進むが、両方の扉が閉まっていたらどちらへ行くか迷う人も出てくる。

「イスラム教は砂漠の国から来ました。砂漠では、方向音痴の人は暮らしていけないのです。ここを訪れた人は、正しい方向感覚を身につけている人かどうか試されていたのです。つまり左手のドアを指した人しか中に入れてもらえませんでした」

左手のドアを通ると、これまた美しい中庭に出られる。「アラヤネスの中庭」である。日本語では天人花と訳されている。この中庭がある宮殿は、14世紀中頃のユスフ1世の時代に建設が始まった。正面に見える宮殿の塔は、「コマーレスの塔」である。コマーレスの塔の中は部屋になっており、「大使の間」と呼ばれている。

ユスフ1世の時代（在位1333年～1354年）は、最もナスル朝グラナダ王国が栄えた時代で、グラナダの人口が40万にまでふくれあがった。

コマーレスの塔は、次の王ムハンマド5世の時代に完成した。

大使の間[20頁②]は、一番大きな広間である。広間では、「神のみが勝利者なり！」というコーランの章句を書き連ねた装飾文字と唐草模様の石膏飾りで上から下まで埋め尽くされている。この部屋は、グラナダのナスル王朝の公式行事に使用された。

「天井[20頁③]は寄木細工でできています。壁は漆喰で、その下はタイルが使われています。イスラム教徒は偶像崇拝が禁止されていましたので、壁の模様[20頁④]は文字や植物をデザイン化したもので、タイルの模様は幾何学模様の糸杉の木がここではデザインされています」

アラヤネスの中庭の真ん中には池がある。

「砂漠の人にとって水は貴重なものでした。ここでは水がふんだんに使われています。水は権力と富のしるしです。水があるのはオアシス、天国、楽園なのです」

中庭の床は白い大理石でできている。白い床と池の水鏡を利用することにより、中庭をより広く見せる効果がある。

アラヤネスの中庭から次の宮殿への戸をくぐると、今度は12頭のライオンが出迎えてくれる。「ライオンの中庭」である。

ところで、このアルハンブラ宮殿は、アルカサーバに始まったナスル王朝の最初の王、ムハンマド

アラヤネスの中庭（正面がコマーレスの塔）

1世の時代から最後の王ムハンマド12世（通称ボアブディル）まで、つまり1232年から1492年までの260年間、22人の王が順番に入れ替わり支配した。260年で22人となると、1人平均10年ちょっとではないか。

イスラム教は、キリスト教とは違って、王の長男が後を継ぐとは限らなかった。また、イスラム王は正妻の他にも多くの妻や愛妾がいたので、王の子とはいえ、母親が違うことになる。そのため、王位継承問題をめぐって暗殺も多かった。

最初の王ムハンマド1世は79歳まで生きたが、メスアールの間を建設したイスマイル王も、その息子ムハンマド4世も、その次の王でコマーレスの塔の建設を始めたユスフ1世も、みな暗殺された。

ライオンの中庭のある宮殿は、第8代の王ムハンマド5世によって1374年に着手された。この中庭は、アルハンブラの中でも最も美しい場所の一つである。

ムハンマド5世の父、ユスフ1世は20年間ナスル朝を統治してきたが、36歳で暗殺された。その後も、兄弟の裏切りなど、ムハンマド5世の周りではいろいろな事件が起き、彼を人間不信にさせた。そんな状況から現実逃避するために、この幻想的な美しい中庭を造らせたのではないかと言われている。

中庭の12頭のライオンの口からは噴水が出ている。

「グラナダの南側にはシエラネバダという標高3480メートルほどの山脈が連なっています。この山脈と中庭の標高差にサイホンの原理を応用して、山の雪解け水が運ばれています。12頭のライオン

ライオンの中庭

の用途にはいろんな説がありますが、時計説というのが有力です。12頭のライオンの口から順番に水が出て、12時になるとすべての口から水が出ていたといわれます。また、12か月を表しているカレンダーとの説もあります」

ちなみに、グラナダの水道はシエラネバダの雪解け水を使っているのでそのまま飲むことができる。ライオンの中庭の柱は全部で124本あり、大理石が使われている。

「グラナダには地震があります。それほど大きな地震ではありませんが、揺れを感じる地震というのは時々起っています。そのため、この柱には、耐震のための鉛の円盤が入っています」

この中庭に面して3つの部屋がある。まず、右手（南側）の部屋は、「アベンセラヘスの間」と呼ばれている。この部屋でアベンセラヘス一族が暗殺されたと言う伝説からこう呼ばれている。

「グラナダの華族アベンセラヘスの中の一人の男が王の愛妾の一人と関係を持ちました。王はアベンセラヘスの一族を呼び出し、その中から犯人を割り出そうとしました。しかし、手掛かりがつかめなかったので、アリバイの成立しない8人の男の首を切りました」とガイドが案内した。

ガイドの説明とは別の説もある。ナスル王朝を支えてきた名門華族アベンセラヘス一族がいたというのは同じ。「1445年、ムハンマド9世が玉座を追われた。そのとき、息子が次の玉座をねらった。しかし、アベンセラヘス一族に支持されたユスフ5世が新しい王になった。そして1年後、ムハンマド9世の息子がアベンセラヘス一

「アベンセラヘスの間」の天井

族へ報復した。一族36人をアルハンブラ宮殿に呼び、この部屋で全員の首をはねた」というものである。部屋の床の水路が赤く染まっているのは、その時の血の跡などと言われていたこともあったが、実際は錆の色らしい。

部屋の中央の水盤が水鏡となって、その真上の天井を映している。

天井はどの部屋も美しい装飾が施されている。これは「モカラベ」と呼ばれるもので、パズルのように一つ一つ天井にはめ込んである。モカラベ装飾は、イスラム芸術の一つの特徴であるが、これはペルシャで生まれた。11世紀から12世紀には、シリアやエジプトで用いられた。

ライオンの中庭のある区域は、王や家族たちの私的空間、つまりハーレムになっている。

「ハーレム」というと、一人の男性（王）を女性が取り囲んでいるイメージがあるが、実際には、部屋の奥に寝具を置いて、女と子供たちが寝泊まりしていた。主に2階で暮らしていた。奥のほうに2階に上がる階段がある。アルハンブラのイスラム王は一度に複数の妻を持つことができ、それ以外にも多くの愛妾たちがいた。当時は部屋の境にはタペストリーを掛け、窓には格子戸がはめられて、床には絨毯が敷かれていた。

「窓に格子がはめられているので、外から中にいる女性が見えないようになっています。この窓は嫉妬の窓と呼ばれています」

タペストリーというと、セビーリャのアルカーサルで見た歴史画を描いたものやヨーロッパの多くの宮殿などで見られるものを想像するが、イスラム教では偶像崇拝が禁止されているので、人物や動物は描かれなかった。アルハンブラ宮殿内の壁と同様、唐草模様やコーランなどが描かれていたと想像できる。

次に、庭の東側にある（入ってきたところから見ると正面）「王の間」へ入った。

この王の間には、10人の王の図や天井画が描かれている。イスラム教では、神の創った動物や人間などを彫刻や絵画で表現すること、つまり偶像崇拝というものが禁止されているので、キリスト教徒に奪回されてから描かれたと、前回案内を受けたが、今回のガイドにもう一度確認すると、これは調査によると14世紀ごろのものであるとされ、イスラム教時代に描かれたもので、大変珍しいらしいという。この場所は私的空間であり、またこの天井は外から見えないので問題なかったのだという。イスラム時代にキリスト教徒によって描かれたという説が今は有力なようである。長い間修復中で白い幕で覆われていたので、その間は見ることができなかった。

最後に、庭の北側の部屋に入った。ここは「二姉妹21頁⑤の間」と呼ばれている。名前だけ聞くと、何やら王の愛妾の姉妹が暮らしていたと思われそうだが、床の同じ形の大理石の敷石が2枚あることからそう命名されたらしい。現在の床は修復されたもので、オリジナルではない。

この部屋だけではないが、部屋の壁の所々にアルコーブ（壁龕《へきがん》、ニッチとも）がある。

「これは、花瓶や花などを飾るところです」とガイドが説明した。

この部屋の奥には望楼があって、窓からリンダラハの庭が見える。「リンダラハ」とい

王の間の天井画

アルコーブ

うのは王に寵愛された女性の名前である。天井部分には、ステンドグラスが見える。

二姉妹の部屋を見学した後は、ライオンの中庭には戻らず、部屋の奥にある通路を抜けて、カルロス1世の部屋へと向かう。廊下のようなところを通るとき左手に「王の浴室」の屋根が見える。

「中世イスラム都市では、お風呂がとても大事でした。入浴の習慣は、イスラムの厳しい戒律から解放される最高の悦楽でした。温浴場で体を温め、蒸気風呂で体を洗い、冷浴場でほてりをさましました。それから、アーチで飾られたタイルの憩い場で、王は美女たちに囲まれ、吹き抜けになった2階で楽士たちによって演奏されるアラビア音楽を楽しみました。楽士たちは、美女の裸体が見えないように目をつぶされて、去勢されていました」

14、15世紀には、コマーレスの塔のあるアラヤネスの中庭の北東の角にある木製のドアの門から王の浴場に下りて行った。当時の設計技師たちは、アラヤネスの中庭の池の水を利用して、その高低差で王の浴場に水が廻るようにした。

１４９２年にグラナダがキリスト教によって奪回された後も、アラブ式の風呂の習慣は残っていた。グラナダの町にも多くの公衆風呂があった。しかし、１５５４年のキリスト教指導者たちの宗教会議で、風呂の習慣が禁止された。その後、グラナダ各地の風呂場は、洗濯場や馬小屋、食料貯蔵庫などに改装されてしまった。

19世紀のナポレオン軍のスペイン侵入時には、アルハンブラの王の浴室は、兵士たちの食べるイワシの塩漬け加工場に使われたこともあった。

通路の窓から見える「王の浴室」

（イスラム最後の王ボアブディル）

ムハンマド1世がナスル王朝を建国し、ユスフ1世の時代には繁栄したグラナダ王国も、１４９２年にはカトリック両王（イサベル、フェルナンド）によって陥落する。しかし、カトリックによって落とされる前に、イスラムの王族の間で小競り合いが起こっていた。グラナダ王、ムーレイ・ハッサン（アブ・ハッサンアリ）（在位１４６４年〜１４８５年）は、アイシャという名の妻と息子がいたが、敵のキリスト教徒の娘であるソラヤを見初めて後宮に入れ寵愛する。アイシャと息子は、アルバイシンの離宮に移されることになった。

その後、１４８２年には、重要な砦の一つであるアルハマがキリスト教軍の手に落ちた。出陣のために城をあけたハッサン王のすきをついてアイシャは息子を即位させる。この息子の名が、アブ・アブド・アラー・アル・サギールといい、ムハンマド12世となる。通称「ボアブディル（Boabdil）」である。そう、彼が、グラナダ王国最後のイスラム王となったのである。

父王ハッサンが帰って来てからは、父と子の争いになり、イスラムの領土が分裂した。そして、グラナダ王国の砦が一つずつ陥落していき、王国が衰弱していった。

１４９１年には、カトリックのフェルナンド王の大軍が、グラナダから10キロのサンタフェに本陣を張った。ボアブディルに対して、闘うか、それともアルハンブラを開け放すか選択する猶予を与えた。翌１４９２年1月2日、カトリック両王、フェルナンドとイサベルは、アルハンブラ宮殿にやって来た。

ボアブディルは、闘わずアルハンブラをキリスト教徒へ開け放す方を選んだ。

「これは、このパラダイスの鍵です」

ボアブディルは、アラビア語でそう言って、フェルナンド王に鍵を差し出した。それを当時の文筆家であるエルナンド・バエサが通訳した。

数々の文献に、ボアブディルは「弱い人」「不運な人」と書かれているが、ボアブディルはどのような思いでアルハンブラを手放したのだろうか。

イスラム最後のグラナダのグラナダ王国を守るために、カトリックと闘うこともできたかも知れない。しかし、そうすると、グラナダの町は破壊され、罪のない多くの人々が殺されたかもしれない。自分さえ出ていけば、アルハンブラの鍵を渡せば、グラナダの町も人々も救われる、そう考えたのかもしれない。

１４９２年1月2日、「無血開城」でアルハンブラ宮殿をカトリックに渡した。私たちが、アルハンブラ宮殿をほぼ当時の姿のまま見ることができるのは、ボアブディル王の決断のお蔭かもしれない。

ボアブディルはアルハンブラを去った。すでに結婚して子供もいたので、決して一人で出て行ったわけではなく、家族や多くの臣下を連れて去って行った。

去る途中ボアブディルは、アルハンブラを振り返って泣いた。母アイシャは、息子に言った。

「泣け、男として戦えなかった者は、女のように泣くがいい」

グラナダ開城（Pradilla 作）フェルナンドに鍵を渡すボアブディル

ボアブディルはその後、アルプハーラという峠に少しの間居住するが、フェルナンド王によってイベリア半島外への追放が決まった。そして、1493年10月、アフリカ行の船でモロッコへ渡り、モロッコのフェズで死亡したと言われている。

キリスト教徒によって征服された後、多くのイスラム教の建築物はキリスト教徒によって壊され、建て替えられたが、アルハンブラはボアブディルが去った後も、壊されずにカトリック両王によって残された。あまりにもすばらしい宮殿だったので、イサベル女王が気に入ったからしい。

イサベル女王の孫のカルロス1世は、新婚旅行でこの地を訪れた時に、22頁②「カルロス1世の部屋」と呼ばれるところを改築した。天井にはカルロスのイニシャルCと、イサベルのY（かつてはYを使った、今はI）の文字が見られる。

アルハンブラに最後に住んだのは、18世紀のブルボン朝の王フェリペ5世（マドリードの王宮に登場）である。

（「アルハンブラ物語」の著者、ワシントン・アービングの部屋）

カルロス1世の部屋を過ぎるともう一つ部屋がある。この部屋は、ワシントン・アービングが暮らした部屋である。壁には、ワシントン・アービングがこの部屋に住んだと書かれている。

18世紀のフェリペ5世の後、アルハンブラ宮殿は、ほとんど廃墟のような状態になっていて、盗賊や浮浪者が住みついていた。ワシントン・アービングはアメリカ人で、マドリー

W・アービングが住んだというプレート

ドの大使館で働いていた。１８２９年、彼はグラナダへと旅をした。

その時、アルハンブラ宮殿の一室を総督より与えられ、数カ月の間、この部屋で暮らした。土地の人々から話を聞いたり、町の図書館で古い資料を探したりして、一冊の本を書き上げた。それが、「アルハンブラ物語」である。原語は英語であるが、日本語訳も出版されている。大変おもしろい物語で、アルハンブラに関する書物では、最も有名な本の一つである。

アルハンブラ物語には、キリスト教徒の女性が改宗してイスラム教徒の男性に嫁ぐ話が多い。実際、イスラム教徒の支配時代には、キリスト教徒の女性がハーレムに連れてこられることも少なくなかったらしい。金髪碧眼の女性はイスラム王に人気があったという。

また、アルハンブラ最後の王ボアブディルはまだ生きていて、魔法にかけられて山の中の宮殿に住んでいると信じている人がいるというのも興味深い。

アービングの部屋の隣のバルコニーからはサクロモンテの丘が見える。

サクロモンテの丘には、たくさんの洞窟住居があり、人々が暮らしている。洞窟の中でフラメンコショーを見るタブラオ（フラメンコショーの店）もある。

「城壁のようなものが見えますが、あれは昔のグラナダの城壁で、そこまでがグラナダでした」


（庭園からヘネラリーフェの離宮へ）

23頁①リンダラハの中庭に出ると、「パルタルの庭園」という広い庭がある。庭園の広場横には池があり、

バルコニーから見たサクロモンテの丘

正面に「貴婦人の塔」23頁②が見える。

　そこからヘネラリーフェまでしばらく歩く。その間の道は、1年を通じて250種ほどの草木や花を見ることができる。イチジク、ザクロ（グラナダ）、くり、百日紅《さるすべり》、アーモンド、ポプラ、夾竹桃、糸杉など、日本人にとってなじみのものもあれば、珍しいものもある。この辺りは、かつては「メディナ」と呼ばれ、多くの邸宅があった。遺跡となっている建物の壁に豪族の名前の書かれたプレートがある。

　糸杉の木は、フラメンコギターを作るのに使われる。ヘネラリーフェの離宮に行く途中にある庭園や野外劇場23頁④は、アラブ時代のものではなく、20世紀になってから完成した新しいものである。

（ヘネラリーフェの離宮）

「ヘネラリーフェの離宮（Generalife）」は、王たちの夏の離宮と言われるが、実際のところ、標高差はそれほどなく、夏には随分暑く感じる。

　私たちは、アルハンブラ宮殿を観光したその足で、歩いてヘネラリーフェの離宮まで行くので、着いたときには汗だくになるが、ヘネラリーフェでずっと過ごしていたらもっと涼しいのかもしれない。

　ヘネラリーフェで一番美しい「アセキアの庭」は、イスラム時代には、コーランに描かれた天国の再現であった。

　ヘネラリーフェからは、アルハンブラ宮殿がよく見える。絶好の写真ポイントであ

ヘネラリーフェの離宮（アセキアの庭）

る。

アルバイシン地区の展望台からアルハンブラを外側から眺めると、ヘネラリーフェはそれほど標高が高いわけではないが、アルハンブラと違って、周囲が木々に囲まれているので涼しいのだろう。

グラナダの市内観光とフリータイム
(アルバイシンとサクロモンテの丘)

ガイド付きツアーではアルハンブラ宮殿しか訪れないが、グラナダはアルハンブラだけではない。半日のフリータイムがあれば、カテドラルのある旧市街や、アルバイシン地区、サクロモンテの丘を散策したいところだ。アルバイシンから「サンニコラス展望台」まで上ると、さきほど観光したアルハンブラ宮殿を外側から見ることができる。宮殿を建てる前に2キロにわたる城壁が造られたのだが、城壁全体がアルハンブラなのである。アルハンブラが一つの城郭だということがわかる。

展望台の近くにはサンニコラス教会がある。グランビア通りのエルビラ門が目印としてはわかりやすいので、そこからアルバイシンの坂道を、地図を頼りに上っていくといい。

アルハンブラ宮殿だけでなく、グラナダの町も上から見下ろすことができる。後述するカテドラルは、町の真ん中のひしめきあったところにあり、近くからだと全体の写真が撮れないが、アルバイシン地

サンニコラス展望台から見るアルハンブラの夜景

区からだときれいな写真が撮れる。

また、アルハンブラのアルカサーバの塔から眺める町のパノラマもすばらしい。日中のフリータイムがない場合は、夜、アルハンブラ宮殿のライトアップを見に行くといいだろう。明るいうちに行くのなら、歩いて行ってもいいが、夜はタクシーの利用をおすすめする。


（洞窟フラメンコ）


もう少し足を延ばせば、サクロモンテの丘に行くこともできる。夜はタブラオで洞窟フラメンコのショーがあるので、夜景見学の後、そのままタクシーで見に行ってもいいだろう。

狭い洞窟の中、目の前で踊る洞窟フラメンコの迫力は一見の価値がある。

ホテルのフロントに頼めば、洞窟フラメンコを見る送迎付きナイトツアーを紹介してくれる。

ミニバスで各ホテルを回って客を集め、行きか帰りに夜のアルバイシン地区に立ち寄り、サンニコラス展望台からアルハンブラの夜景を見て、サクロモンテの洞窟フラメンコのタブラオへ運んでくれる。もちろん日本語は通じないし、案内人もアルバイシンの薄暗い街路を急いで回るので、迷子にならないよう、注意が必要だ。

今回は、サクロモンテの丘でのフラメンコがツアーに含まれていた。フラメンコのタブラオのすぐそばから、アルハンブラのライトアップを見ることができた。

踊っている人たちは、「ジプシー」と呼ばれる人がほとんどである。「ジプシー」と聞くと、いろんな国で「ジプシーのスリに気を付けてください」と注意されること

洞窟フラメンコ

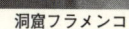

が多いが、ジプシーにもいろんな人がいる。このフラメンコのタブラオではスペイン人と一緒に仕事をしている。フラメンコ・ダンサーやカンテ（歌い手）、ギターを弾く人はジプシーであるが、観客を勧誘している人はスペイン人らしい。近くにはフラメンコの学校もあり、昼間はジプシーの人たちは、アメリカ人など外国人のためにフラメンコの教室を開いているという。

「ジプシー」は、北インドが起源で、中近東を通り、北アフリカを通ってヨーロッパへ入ったとも、ロシア、バルカンを通って東ヨーロッパから入ったともいわれる。かつては「エジプトから来た人」と思われていたため、英語で「エジプシャン（エジプト人）」と呼んでいたのがなまって「ジプシー」となったようである。スペイン語では、「ヒターノ」という。

スペインでは、15世紀にキリスト教徒によるグラナダ奪回後、他宗教の人々は追放されることになる。イスラム教徒の人たちも、スペインを出ていくか、キリスト教徒に改宗するかを迫られた。やむなくキリスト教徒に改宗したイスラム教徒も多く、モリスコと呼ばれた。

フラメンコの誕生はあまりはっきりしていないことも多いが、ジプシーと、スペインに残るイスラム、ユダヤなどの多民族の文化が融合して生まれた踊りという説が強い。18世紀の末頃から19世紀初期にかけて、いまのような形になったといわれる。

踊り子がカスタネットやかかとをカタカタと鳴らす踊りに目を奪われるが、踊り（バイレ）だけでなく、歌（カンテ）とギターも重要で、この3つが一体となって成り立つ。それに、ハレオと呼ばれる掛け声やパルマと呼ばれる手拍子が入る。

前述した闘牛とともに、フラメンコはスペインを代表する文化のように思われるが、どちらもアンダルシア地方のもので、北スペインではそれほど人気がない。

グラナダの洞窟のフラメンコだけでなく、マドリードやセビーリャを中心に大きな舞台を持つタブラオ（フラメンコショーの店）がたくさんあり、ダンス教室も多い。

日本でも人気があり、最近の統計によると、フラメンコのダンス教室の数は、スペインよりも日本のほうが多いらしい。

（カテドラルと王室礼拝堂）

旧市街に、グラン・ビア・デ・コロン（Gran Via de Colón）という大きな通りがあり、カテドラル[24頁①]周辺には土産物屋が軒を連ねている。

そのカテドラルと、隣接する王室[24頁③]礼拝堂は、スペイン王室の歴史に興味のある人はぜひ訪れてほしいところである。開館時間内なら、中に入って見学することができる。

王室礼拝堂には、イサベル女王とフェルナンド王、そしてその娘のファナと夫のフィリップ（スペイン語ではフェリーペ）が眠っている。

王室礼拝堂が着工されたのは1504年のことで、同じ年にイサベル女王は亡くなった。そしてフェルナンド王の亡くなった1516年に完成、1521年に両王の遺骸はここに安置された。

入り口から見て一番右手がフェルナンド王、そしてイサベル女王、その隣にフィリッ

グラナダ・カテドラル

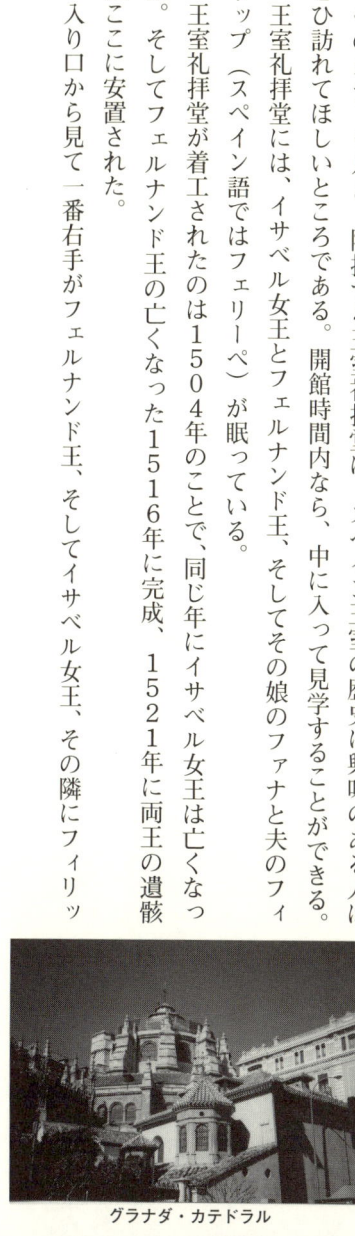

プとファナの霊廟がある。霊廟の前の階段を下りると、遺体が安置されている。4人の柩ともう一つ、少し小さめの柩が置かれている。これは、2歳足らずで亡くなったイサベル女王の孫、ミゲル王子のものだ。

隣接するカテドラルは、1518年に建設が開始されている。この場所にはもともとモスクがあった。コルドバ、セビーリャ、アルハンブラでもそうであったが、スペインでは、モスクのあった場所に教会を建てることが多かった。

カテドラル周辺の土産物店が並ぶアルカイセリア通り、サカティン通りは、イスラム時代からある通りで、観光客や地元の人でにぎわう場所である。

ここからイサベル・ラ・カトリカ広場までは近い。この広場には、コロンブスがイサベル女王に謁見している像があり、一見の価値がある。

広場から北へいくと、今度はヌエバ広場があり、さらに北へ歩いていくとダーロ川が流れている。個人的にはこの辺りの川沿いの古い街並みを散策するのが好きだ。

個人旅行ならば、ヌエバ広場からゴメレス坂を登っていくとアルハンブラ宮殿に行くことができる。宮殿の中だけでなく、アルハンブラの周辺を歩くのも良いものだ。

カタルーニャ、バレンシア

この章で紹介する世界遺産
・アントニオ・ガウディの作品群（1984・2005）
・カタルーニャ音楽堂とサン・パウ病院（1997）
・タラゴナの考古遺産群（2000）
・バレンシアのラ・ロンハ・デ・ラ・セダ（1996）

バルセロナ

グラナダからは、今回飛行機でバルセロナへと向かった。1時間半ほどで到着だ。他に、マラガから飛行機でバルセロナへ飛ぶこともできる。マラガの空港は、アンダルシアの空の玄関口で、ヨーロッパ各地からバカンス客がやってくるので、グラナダの空港よりもかなり大きい国際空港である。

マラガから高速列車AVEでバルセロナへ行ったこともある。6時間近くかかったが、列車の旅が好きな人なら悪くはない。車窓の風景を楽しめるし、車中でバルセロナのフリータイムの予習ができる。

バスで行くツアーもあるが、その場合は、バレンシアで一泊することになる。グラナダからバレンシアまでは、2回の休憩を取りながら6、7時間かかる。

バルセロナ観光

バルセロナ（Barcelona）で宿泊した翌朝、ホテルのロビーでガイドと待ち合わせ、観光が始まった。

日本人ガイドと現地のライセンスを持ったガイドが来てくれた。今日は、午前中にバルセロナの市内観光をして、午後からはフリータイムとなる。バルセロナでは2泊することになる。

サグラダファミリア

（サグラダファミリア）

バルセロナの観光は、サグラダファミリア（Sagrada Família）から始まった。

「ボン・ディア！（Bon dia）」

現地のガイドがカタルーニャ語であいさつした。「おはようございます」という意味である。続いて日本人ガイドがマイクを持ってあいさつの後、説明が始まった。

「今日は、朝一番にサグラダファミリアへ行きます。すでに予約をしてあります。その後は、グエル公園にも行きます」

サグラダファミリアの建物そのものは建築中だが、２０１０年に教会として完成してからは観光客が増え続け、いまでは完全予約制となっている。

「サグラダファミリア」は、日本語で「聖家族」という意味である。この建物は教会なので、日本語では、「聖家族教会」と呼んでいる。「聖家族」とは、イエス・キリスト、聖母マリア、養父ヨセフを表している。

サグラダファミリアは、「聖ヨセフ信心会」の本堂として、１８８２年に着工された。実は、着工時の建築家はガウディではなかった。ビリャールという建築家によって着工されていたサグラダファミリアを、翌年（１８８３年）、ガウディが引き継ぐことになったのである。

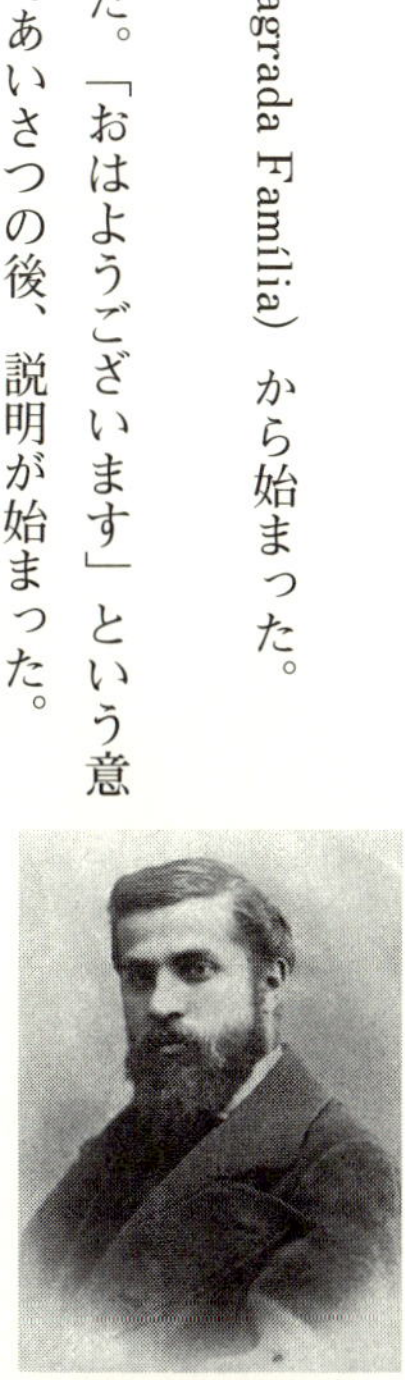
アントニオ・ガウディ

アントニオ・ガウディ（Antoni Gaudí, Antonio Gaudí）は、１８５２年に生まれ、バルセロナから南へ行ったところにあるレウスで育った。16歳からバルセロナの建築学校に通い、卒業後は建築家として働いた。

ガウディの大作デビューは、31歳の時で、ビセンス氏から夏の別荘として依頼された「カサ・ビセンス」である。１８８３年から１８８８年にかけて建てられた。１８８３年には、サグラダファミリアの建築も引き継ぐことになった。

　ガウディは、父の死後、後述するグエル公園の家を出て、この聖堂内に住んだ。教会の敷地内に事務所を持ち、生涯結婚することもなかった。

「１９２６年6月、ミサに向かう途中、路面電車に跳ねられました。ガウディは身なりに気を使わなかったのですね。きれいな格好をしていなかったので浮浪者と間違われて治療が遅れたため、亡くなりました。74歳になる直前のことでした」

　ガウディの死後、当時48歳のドメネク・スグラニエスが後継者として選ばれた。

「ガウディ没後１００年の２０２６年に完成されると発表されています。完成予想図もすでに出来上がっています。現在は塔が８本しかありませんが、最終的には18本の塔が建てられることになります。１本はイエス・キリストを表し、１本は聖母マリア様、あとの16本のうち、４本はキリストの４人の福音書記者12本はキリストの12人の使徒を表します」

　歩いて10分ほどのところでバスを下車して、徒歩で向かった。以前は、サグラダファミリアの前でバスを降りていたが、バスの停車場所はこれからも変更になる可能性がある。

　入場前に、建物25頁①の全景が見られる公園から写真を撮った。写真を撮ったあと、「生誕の門」へと向かう。

「サグラダファミリアは、世界遺産といわれていますが、実は、この教会全体が世界遺産なのではありません。ガウディが手掛けた部分だけです。つまり東側にあたる生誕のファサード※と呼ばれているところです。イエス・キリストの誕生から最初の説教を行うまでの場面が、彫刻で表されています。聖母マリアが受胎告知を受けるシーンや、キリストの誕生のシーンが見られます。また、日本人の彫刻家、外尾悦郎[25頁②]さんによって彫られたところもあります」

　教会内部に入ると、ステンドグラスが美しい。

「２０１０年11月7日に、当時のローマ法王ベネディクト16世が訪れて、ミサを行いました。教会に聖水を注ぐという儀式により、教会としてスタートしました。ミサの日は６５００人の人がここに集まりました。本当に大勢の人たちで大変でした。日本でもテレビなどで紹介されたようですね。それからバルセロナの観光客は年々増え続けています」

　反対側（西側）は、受難[26頁④]のファサードと呼ばれる。

「こちら側は、受難のファサードです。キリストの最後の晩餐や、キリストが十字架に架けられるシーン、キリストの昇天などが表されています。左手の上の方に数字の並ぶパズル[26頁⑤]のようなものがありますね。これは、縦、横どの列を足しても33になります。キリストは33歳ごろに亡くなったと言われているからです」

　受難のファサードの中央上部には、キリストの顔が描かれた布を持つ女性の彫刻も見られる。この女性はベロニカといって、キリストが十字架を背負ってゴルゴダの丘へ歩いて行く時に、自分のベー

生誕のファサードの彫刻

※ファサードとは建物の正面、顔に当たる部分。（門は出入口）

ルを差し出した人である。キリストがそれで汗を拭いて返すと、そのベールにキリストの顔が浮かび上がったという話がある。

「では、塔の予約をしていますので今からエレベーターで上りましょう。下りは400段の階段を下ります」（予約制度が変わり、塔へのエレベーターは教会入場の予約時一緒にしないとできなくなった）

塔へのエレベーターは、生誕の門側と受難の門側にあり、今回は受難の門側が予約されていた。

エレベーターは小さく7人くらいしか乗れない。係員の誘導で順番に分かれて乗り、65メートルの高さのところまでいった。上では渡り廊下のようなところを通り、下りは狭いらせん階段だ。教会上部にある塔や彫刻、工事の様子が間近に見えた。受難の門側からはバルセロナの町の西側が、生誕の門側からは町の東側の景色が見える。天気の悪いときは、塔には上れないこともある。

受難のファサード側には、隅の方に26頁⑥小さな建物がある。

「これは、学校です。建築家の子どもたちが勉強するためにつくられたところで、いまでも集会などに使われています。それから、教会の下は資料館になっています。これからフリータイムを取りますので、資料館を見たい方はごゆっくりご覧ください。入口側には売店もあります」

（グエル公園）

「では、これからバスでグエル公園へと参ります。町のだいぶ北にあります」

サグラダファミリア内部

グエル公園（Parc Güell）も2013年10月末から予約制で有料となった。ツアーに組み込まれないことも多いので、フリータイムに個人で行く人も多い。

個人で行くなら、タクシーをおすすめする。バルセロナのタクシーは観光客に慣れており、安全面でも心配はない。タクシーはたいてい公園正面入口前に停まるので、右側の坂を少し登るとチケット売り場がある。

バスを利用する場合は、カタルーニャ広場前から24番のバスが便利である。このバスは、グラシア通りを北上するのでカサ・ミラとカサ・バトリョの間でも停まる。一度筆者が乗った時は35分かかった。バスは公園東側の駐車場前に到着するので、グエル公園に入っても有料エリアの入口まで少し歩く。地下鉄でも行けるが、L3のVallcarca か Lesseps 駅で降りて、15分から20分歩くことになる。途中から急な上り坂を上ることになるので、体力に自信のない方にはおすすめできない。

チケット売り場に並んで、自分の希望する時間（30分刻み）の予約チケットを買う。時間に余裕があるなら、チケット売場の近くにガウディが住んでいた「27頁④ガウディの家博物館（Casa Museu Gaudí）」があるので見学してもいい（有料）。チケットはインターネットでも予約できるが、予約時間に間に合うように行かなければならない。夏季は8時から、冬季は8時半からオープン。変更される可能性もあるので、ホームページで確認することをおすすめする。（https://parkguell.barcelona/es）

「郊外にイギリスの田園都市風の新興住宅地を造ろうと開発を始め、分譲しましたが、バブルが弾けて、しかも街から遠いので買い手がつかず、途中で中断してしまいました」

日本にもありがちな話である。グエル公園は、まさにこれと似たような状態にあったのだ。「グエル」というのは、グエル伯爵という実業家の名前である。グエル伯爵はさまざまな会社を経営していたが、バルセロナの山手に「19世紀に出来上がったイギリスの田園都市のような分譲住宅」を造ろうとガウディに設計を依頼した。

一戸建住宅を60区画分譲する予定で、カタルーニャの繊維産業で潤った人たちへの販売を予定していたが、1898年の米西戦争での敗北により、カタルーニャの繊維製品は輸出先を失ってしまった。予定していた60棟の住宅のうち、2棟だけが完成したところで中止となった。1棟はガウディ自身が買った。ガウディの家博物館といわれるピンクの家である。病気がちだった父親を空気のよいところに住まわせたかったのだ。郊外という立地も気に入った。もう1棟はトリアスという弁護士が購入した。残りの分譲地は、住宅の建築は中断されたが公園として工事を続けることになった。グエル氏死亡のあと、1922年に彼の息子がバルセロナ市に寄贈した。

今回はツアーに含まれていたので、公園東側の駐車場でバスを降りて、ガイドと一緒に入園した。バスから降りて少し歩くと、まず、遊歩道を支えるユニーク27頁③な柱に目を奪われる。そのまま公園の中を少し歩いていくと、有料エリアへの入口がある。公園は広いが、ガウディの建築物が集中している中心部だけが有料となった。

有料エリアに入ると、ベンチのある広場に出る。野外劇場として造られ、ガウディ

ベンチのある広場（ギリシャ劇場）

はここを「ギリシャ劇場」と名付けた。

モザイクタイルのベンチは、人間の体にフィットするように造られているということなので、ぜひ座ってみてほしい。左官職人の一人を裸にして石膏の型をとって造ったそうだ。ここからはバルセロナ市街の眺めがいい。

階段を下りると、たくさんの柱が立つ空間がある。市場として造られたところだ。その下にはカラフルな階段があり、竜の形をしたモザイク模様のオブジェもある。階段の下には売店や「お菓子の家」を連想する建物など、ガウディが建築したかわいい家が見える。

本当はこちらが公園の正門である。

「では、写真を撮る時間を取りますので、15分後に集合してください」

（カサ・バトリョとカサ・ミラ）

グエル公園の見学後、バスで町の中心地へと下りていった。

町の中心広場「カタルーニャ広場（Plaça de Catalunya）」から北に延びるグラシア通り（Passeig de Gràcia）は、多くのブティックやレストラン、タパス（おつまみ）のバールなどが並ぶ、賑やかだがおしゃれで広い通りだ。この通りにも、ガウディの傑作がある。

一つは、「カサ・ミラ（Casa Milà）」（ミラ邸）である。

「カサ・ミラは、実業家であるミラさんとその奥さんの邸宅として、１９０６年から１９１０年にか

グエル公園正門から市場を見る

けて、ガウディによって建てられたものです。しかし、当時のバルセロナ市民にとってはとても醜い建物に見えたため、「石切り場」（ラ・ペドレラ：La Pedrera）と呼ばれました。曲線ばかりの建物で、バルコニーは鉄が使われています。ガウディが手掛けた個人の邸宅では、最後の建築で、現在も賃貸の住居として使われています。今はバスの車窓から見ていただくだけですが、午後からのフリータイムのとき見学してください。ガウディ建築の博物館となっています。入場は手荷物検査がありますが、中庭や屋上を見ることもできます。屋上からはサグラダファミリアも見えます。日本語の音声ガイドが付いています」

　混み合うので30分ごとの入場制限がある。チケットはインターネットでも購入できるが行く時間を決めておく必要がある。カサ・ミラは、高級賃貸マンションとして現在も人が住んでいるので、見学できるのは、一階の吹き抜け部分28頁②、屋根裏にあるガウディ関連の展示室28頁③と屋上、最上階のアパートメントとして公開されている部屋28頁⑤（20世紀初頭のブルジョワの生活を再現）である。

　もう一つは、「カサ・バトリョ（Casa Batlló）」（バトリョ邸）である。

「今度は、右手をご覧ください。またガウディの建築物が見えてきます。これは、カサ・バトリョです。波を連想させるファサード（正面）と骨のような形のバルコニーの建物です。これはミラ邸よりも前の、１９０４年から１９０６年にかけて建てられました。もともと１８７７年に5階建ての建物が建てられており、それをガウディが増改築したものです。タイルやステンドグラスの装飾は、ガウディによっ

カサ・ミラ

て施されたものです。こちらも内部の見学ができます。ここも日本語の音声ガイドを貸してくれます。一部屋ずつ見て回ることができ、部屋番号のキーを押すと説明が聞こえる仕組みになっています。左隣の建物も美しいですね。これは、カサ・アマトリエールといいます。ジュセップ・プッチという建築家によって同時代に建てられたものです」

カサ・バトリョは、誰も住んでいないので全館見学できる。

こちらも大変混みあっていて長蛇の列が出来ることもあるので、前もってインターネットなどでチケットを購入しておけば、並ばずに入場できる。

今回は訪れなかったが、同じグラシア通りには、北へ1、2キロほどいくと、ガウディのデビュー作「カサ・ビセンス（Casa Vicens）」もある（地下鉄L3のFontana駅が最寄り）。レンガ、タイル工場の経営者ビセンス氏の依頼によって建てられた。1925年にガウディの承諾を得て、建築家のセラが改装した。ビセンス氏の死後は、医師のジョベル氏の手にわたり、彼の子孫に引き継がれた。

他にもガウディ建築は、ランブラス通りの「グエル邸31頁⑤（Palau Güell）」や、市の北西にある「グエル別邸（Pavellons Güell）」（最寄り駅：地下鉄L3のMaria Cristina駅）がある。

カサ・ミラやカサ・バトリョは混雑していることが多いので、時間がない場合は「グエル邸」の方が良いかもしれない。ランブラス通りから少し西に入ったところにあり、外見は周囲の建物にとけ込んでいるので通り過ぎてしまいそうだが、内部や屋上にはガウディの世界が広がっている。チケット

カサ・バトリョ

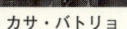

を購入するとオーディオガイドがついている（日本語あり）。

バルセロナのフリータイム

今日は、カタルーニャ広場近くのレストランで昼食のあと、午後はフリータイムとなった。夕食はツアーに含まれていないので、各自で食事してホテルへ戻ることになる。

フリータイムのないツアーも多いが、バルセロナでは最低半日くらいフリータイムのあるツアーのほうが面白い。ゆっくりガウディ建築を見て歩いたり、美術館巡りをしたり、バールを梯子したり、ランブラス通りを散策したり、市場やデパートをのぞいたり、港を歩いてもいい。

スペインでは、シエスタという昼休みの時間が長く、店も午後2時から4時か5時頃まで閉まっていることが多い。しかし、近年の観光客増加により、バルセロナの目抜き通りグラシア通りなどのブティックは、シエスタなしで営業しているところが多くなった。また、デパートやスーパー、市場はシエスタがない。しかし、日曜日は基本的に休みである。

（カテドラル、ゴシック地区、ピカソ美術館）

カタルーニャ広場から南へ10分くらい歩くと、ガウディの建築群よりももっと古い建物が集中している「ゴシック地区」（Barri Gòtic）がある。

中心の建物は、カテドラル（サンタ・エウラリア大聖堂）で、13世紀から15世紀にかけて建てられ

バルセロナのカテドラル

たゴシック様式の建物である。バルセロナ市民はラ・セウ（La Seu）と呼んでいる。

カテドラル裏の左側には、バルセロナ伯・カタルーニャ・アラゴン連合王国時代の王宮であるパラウ・レイアル・マジョール宮殿（Palau Reial Major）がある。

カテドラルの左脇の細い路地を進み、左に折れると、「王の広場30頁⑥（Plaça del Rei）」と呼ばれる宮殿の建物で囲まれた小さな広場に出る。王の広場の正面に見える階段は、新大陸を「発見」したコロンブスがカトリック両王に謁見するために上った階段だといわれている。

隣の「市歴史博物館（Museu D'Historia de la Ciutat）は、バルセロナの歴史を紹介する博物館であるが、地下には２０００年前のローマ時代の遺跡も見られる。バルセロナはガウディ建築が人気でガウディのイメージが強いが、すぐ近くのサン・ジャウマ広場（Plaça de Sant Jaume）は、ローマ時代、バルセロナの中心だった場所で、今もバルセロナ市庁舎とカタルーニャ州庁舎が向かい合って建っている。

カテドラルから東へ５分から10分くらい歩くと、ピカソ美術館（Museu Picasso）がある。ピカソ美術館は旧邸宅を美術館にしたもので、１９６３年に開館、主にピカソが９歳から20代前半くらいまでの作品を展示している。

ピカソは１８８１年10月にマラガで生まれた。バルセロナには14歳になる前の１８９５年９月に父の仕事の都合で移り住み、１９０４年４月までの約９年間をこの地で暮らした。

ピカソをはじめ、当時のアーティストたちは、この周辺で過ごすことが多かった。

ピカソ美術館

ピカソが通ったレストラン「クアトラ・ガッツ[30頁⑧]（Els Quatre Gats）」（4匹の猫＝ 4Gats）は、カテドラルからまっすぐ北へ行った辺りにある。この辺りは狭い通りが多く、風情があって良いが、スリやひったくりが多いので注意したい。

（ランブラス通り、サン・ジュセップ市場）

カタルーニャ広場から南へと延びる通り「ランブラス通り（La Rambla：Les Rambles[※]）」は、両側が車道で、中央が遊歩道となっている。いつも観光客で賑わっていて大道芸人や露店がたくさん出ている。

※＝カタルーニャ語

地下鉄リセウ駅そばの遊歩道上には、ミロがデザインしたモザイク[31頁①]がある。

通りの西側には、サン・ジュセップ市場[31頁④]（通称ボケリア（La Boqueria））というバルセロナで一番大きな市場がある。市場の中にはバー・カウンターもたくさんあるので、おつまみを食べながらビールやワインを飲むこともできる。

その南にあるリセウ大劇場[31頁③]（Gran Teatro del Liceu）は、１８４７年に開館したオペラ劇場である。ガイドつき内部見学ツアーも行われている。

先に紹介したガウディ作の「グエル邸」も近い。

ランブラス通りの南端には、コロンブスの塔[32頁②]がある。塔上のコロンブスが右手で指差しているのはアメリカ大陸である。

すぐ目の前は港で、海岸沿いに「バルセロネータ（La Barceloneta）」や「オリンピッ

ランブラス通り

ク村」まで行くと、魚介類のおいしいレストランがたくさん並んでいる。

〔カタルーニャ音楽堂とサン・パウ病院〕

世界遺産に指定されているカタルーニャ音楽堂（Palau de la Música Catalana）は、カタルーニャ広場から歩いて5分くらいである。

バルセロナ生まれの建築家ドメネック・モンタネール（Lluís Domènech i Montaner）によって１９０５年から１９０８年に建てられた。現在も、音楽堂、コンサートホールとして使われている。

カフェのあるガラス張り30頁①の方は裏側で、モデルニスモ（バルセロナ版アール・ヌーボー）の美しい装飾が見られる正面入り口30頁③は反対側にある。右側の通りを奥に進み、建物の裏側に回ってほしい。

豪華で有名な大ホールの内部を見たいときは、30分ごとにスタートするガイドつきツアーに参加する必要がある。日本語のガイドツアーはないので英語かスペイン語のツアーに参加することになる。

ツアー人数に制限があるので、ホームページ（https://www.palaumusica.cat/en）での予約をすすめているようだが、混んでいなければ、直接カフェ左側の窓口でチケットを購入して参加できる。もちろん、コンサート開催時にはガイドツアーは中止される。

同じくモンタネールの建築で世界遺産である「サン・パウ病院（Hospital de Sant Pau）」は、サグラダファミリアの北東にある。１９０２年から３０年にかけて建てられた（１９２３年、モンタネールの死後は息子が引き継いだ）。

病院の前身は１４０１年に創立されたサンタ・クレウ病院で、19世紀の銀行家パウ・

カタルーニャ音楽堂の内部

ジルの献金により、サン・パウ病院が建設されることになった。正式名は、「サンタ・クレウ・イ・サン・パウ病院」という。２００９年までは病院であったが、老朽化したため病院は移転した。

（モンジュイクの丘）

モンジュイクの丘（Montjuïc）は、１９９２年のバルセロナオリンピックの会場となったところで、「ミロ美術館（Fundació Joan Miró）」や「カタルーニャ美術館（Museu Nacional d'Art de Catalunya）」がある。スペイン広場（Plaça d'Espanya）からカタルーニャ美術館へは歩いていける。そこから上り坂をいくと、オリンピックスタジアムがある。ミロ美術館までは東に５００メートルほどである。

ミロ美術館からフニクラ（ケーブルカー）の駅は近いので、地下鉄のパラ・レル駅まで3分ほどでいける。また、丘の頂上にあるモンジュイク城までは、ゴンドラ（ロープウェイ）が出ている。

カタルーニャの歴史

今朝、観光が始まるときスペイン人ガイドが「ボン・ディア（Bon dia!）」とあいさつしたが、これはカタルーニャ語で、スペイン語での「おはようございます」は、「ブエノス・ディアス（Buenos días）」である。バルセロナの公用語はカタルーニャ語で、カタルーニャ語（カタラン語）は、バルセロナを州都とするカタルーニャ地方全域で使われている。

カタルーニャでは、看板は全て、まず一番にカタルーニャ語で書かれている。

バルセロナの町を歩いていると、マンションなどのベランダから赤と黄色のストライプのカタルーニャの国旗（州旗）が吊るされているのを見かける。

カタルーニャ人は、スペイン人であるという意識が強い。つまり、先ほどスペイン人ガイドと書いたが、正しくは「カタルーニャ人」ガイドである。

カタルーニャといえば、２０１７年10月1日に行われたカタルーニャ独立運動の住民投票のニュースが日本でも大きく報じられた。独立賛成派が92パーセントという、投票した人のほとんどが独立賛成派であった。しかし、実際には有権者５３０万人中、投票したのは２２６万人で投票率は43パーセントほど、反対派は最初から棄権、元々国会で認められた住民投票ではなかったので、すぐに独立が決定というわけにはいかなかった。

その後も独立運動のデモなどが行われているが、実際にカタルーニャ人に会って話を聞くと、家族の中でも賛成派と反対派がいたり、カタルーニャ人であっても独立には反対している人もいるようだ。独立運動をしているカタルーニャが、今後どのような結末になるかはわからない。

私たちが「スペイン語」と呼び、日本の大学やカルチャーセンターで習う「スペイン語」は、カスティーリャ語である。首都マドリードを中心とする地域で話されているいわゆる標準語であるが、では、カタラン語がスペイン語の方言かといえば、そうではない。一つの言語なのである。

では、せっかく日本でスペイン語を覚えたのにバルセロナでは通用しないのか、というとそうではない。たいていのカタルーニャ人はスペイン語（カスティーリャ語）も話せる。家族間やカタルーニャ人同士ではカタルーニャ語を話すが、町ではスペイン語が普通に飛び交っている。バルセロナは、カタルーニャ人以外の家族も多く暮らしている。その場合、両親はカスティーリャ語を話すが、子供は学校ではカタルーニャ語で授業を受けるので、家ではカスティーリャ語、学校ではカタルーニャ語を話すらしい。

もともとローマが支配した時代には、ラテン語が話された。その後、時代と共に、言葉は変化していき、イタリア語、フランス語、ポルトガル語、スペイン語、そしてカタルーニャ語などに派生していった。

8世紀にはイスラム教徒がイベリア半島全域を支配してしまう。しかし、カタルーニャの北部は100年も経たないうちにイスラム教徒を追い帰し、8世紀から9世紀にはフランク王国の辺境領となる。フランク王国時代、カール大帝は王国を300ほどの領地に分けてそれぞれの州に伯を置いて統括させた（「ドイツ世界遺産と歴史の旅」参照）。

カタルーニャには、バルセロナ伯領やジローナ伯領が置かれ、ギフレ1世が9世紀にバルセロナ伯となったのがフランク王国内のバルセロナ伯領の始まりである。

10世紀末にはカタルーニャは、バルセロナ伯を中心としてフランク王国から独立する。12世紀にはカタルーニャの南側もイスラム教徒から土地を取り戻し、アラゴン=カタルーニャ連合王国が誕生し、中世時代は黄金時代を迎える。

しかし、15世紀にカスティーリャ王国に併合されてからは、ついに独立することがなかった。18世紀のスペイン継承戦争での敗北では、さらにスペインによる占領下に置かれ、カタルーニャ語が公的な場では話せなくなったこともある。

20世紀に入ってからも、一時期、カタルーニャ語の使用を禁止されたことがある。それが、フランコ独裁政権の時代である。

スペインは第二次世界大戦には参戦しなかったが、１９３６年から１９３９年まで「スペイン市民戦争（スペイン内戦）」が起こっている。

１９３９年にフランコ将軍の勝利で内戦が終結してから１９７５年にフランコが死去するまでの36年間、フランコの独裁政治が続いた。フランコ政権はカタルーニャ語の使用を禁止した。フランコ政権では、カタルーニャ地方やバスク地方の独自文化を一切認めず、すべて中央政府がコントロールする形で国家を運営した。

フランコ将軍は１９７５年11月に死去。それから、スペインは立憲君主制の時代となる。「王政」でもなければ「官僚主導」でもない、市民のための新しい国としての始まりとなる。

１９８０年代からは、スペインは「国」より「地域」を重んじるようになった。フランコ時代に禁じられていた言語や文化を開放するためでもあった。

カタルーニャでは、「サルダーニャ（Cerdanya）」というダンスがフランコ時代に禁止されていたが、今では祭りのときなどによく踊られる。

カタルーニャ語も禁止されていたが、元通り話されるようになった。

（コロニア・グエル）

バルセロナから15キロほど離れたところに、ガウディが設計した世界遺産「コロニア・グエル教会」がある。

繊維業界で成功し、ガウディに数々の建築を依頼した実業家グエル氏が、バルセロナから繊維工場を移転させたのが始まりとなる。工場で働く人たちが住めるように工業団地を作り、学校や病院、商店、そして教会が造られた。教会の設計はガウディに依頼され、１９０８年に着工された。しかし、１９１４年にはガウディはサグラダファミリアに専念するため、助手たちにここを任せた。

１９１５年には半地階が完成したので教会として利用されるようになったが、１９１６年に中断され、未完成となっている。

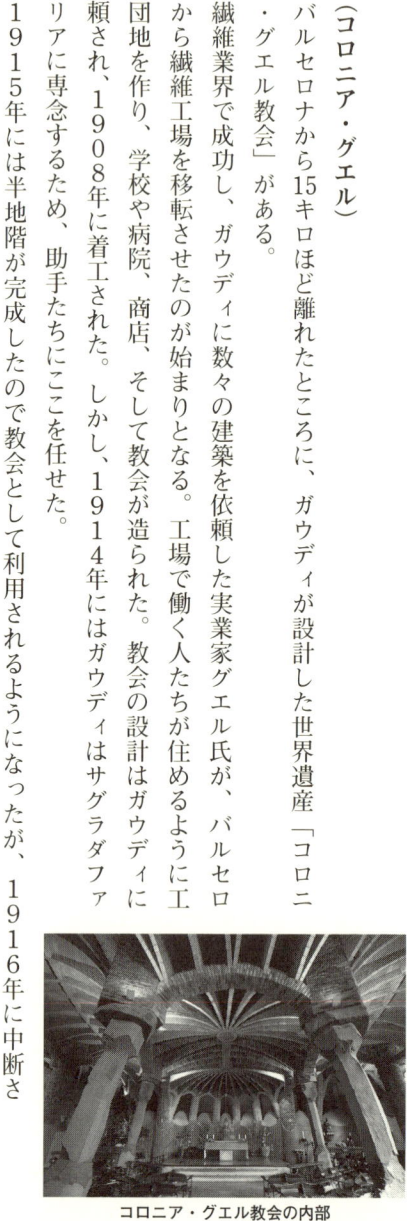

バスが駐車場に到着すると、少し町の中を通って教会へ行く。サグラダファミリアと違って、教会は静かな町の中にたたずむ。

コロニア・グエル教会の内部

バルセロナ近郊の観光

モンセラット

バルセロナの北西50キロに位置する「モンセラット（Montserrat）」（モンセラート、モンセラとも呼ばれる）は、バルセロナからの半日観光やオプションで行くことが多い。

モンセラットとは、カタルーニャ語でノコギリ山（モンは山、セラットはギザギザの、ノコギリ状の）を意味する、高さ１２３６メートルの山である。

標高７２０メートルのところにはベネディクト会の修道院があり、「ラ・モレネータ」（La Moreneta）という愛称をもつ「黒いマリア像」が祀られている。これを見るためにモンセラットへ行く人が多い。

伝承では、８８０年に羊飼いの少年たちが、洞窟の中で黒いマリア像を見つけた。それ以来、多くの巡礼者が訪れる聖地となった。

修道院の祭壇に祀られているマリア像はポプラの木彫りで、12世紀末のものと推定されている。像の高さは95センチ、顔が黒いのは、ろうそくの煤で焼けたのではないかといわれる。新しく見えるが、ニスを塗って修復している。

顔と手以外は、金箔でおおわれ、右手には地球を表すまるい球を持っている。ひざ上のキリスト像は、19世紀に復元された。祝福を示すように右手を挙げ、左手には松ぼっくりを持っている。

１８８１年9月11日、法王レオ13世によって、ラ・モレネータはカタルーニャ司教区の守護聖人とされた。

修道院は、11世紀に創設された。当時はロマネスク様式の建物で、後にゴシック様式の回廊も加わり、

黒いマリア像

モンセラット

増築されていった。1811年のナポレオンによるスペイン侵入時代に、建物は破壊されたが、マリア像は難を逃れた。現在の建物は、1925年にネオ・ロマネスク様式で建てなおされたものである。モンセラット修道院は、14世紀に創設されたエスコラニーア（少年合唱隊）でも有名である。非常に古い合唱隊で、ウィーン少年合唱団よりも古い。

駐車場から修道院へ行く道では、はちみつをはじめ、地域の特産品などの土産が路上で売られている。見学後に時間があれば、それらの店を眺めながら散策するのもいいだろう。

また、ケーブルカーで1000メートルの地点まで上ることもできる。所要5分で、12分ごとにケーブルカーが出ている。

タラゴナ

タラゴナ（Tarragona）は、バルセロナから80キロほどの距離にある、ローマ時代の円形闘技場やローマ劇場、城壁、古代水道橋などが残る町である。

今回は、グラナダからバルセロナまで飛行機で移動したので立ち寄ることはなかったが、バスで移動するツアーでは、途中、タラゴナの観光が入ったものもある。

イベリア半島はローマ帝国の属州「ヒスパニア」であった。ヒスパニアは3つの地方に分かれていたが、その3分の2を占めるタラコネンシスの都が「タラコ」と呼ばれた現在のタラゴナである。ローマ4代皇帝クラウディウス時代の地理学者ポンポニウス・メラは地理書「世界地理」の中で、「タラコはこの海岸で一番裕福な港だ」と描写している。

ネロ皇帝の死後の短期間、皇帝であったガルバは、タラコの出身である。後の皇帝トラヤヌス、ハドリアヌスもヒスパニアの出身である。

タラゴナに残っているローマ時代の主な建造物は、70年から180年の間に建てられている。

（円形闘技場）

円形闘技場は、1世紀の末から2世紀初期に建てられ、エラガバルス帝時代の3世紀初期に改築された。ローマ帝国内に多く残る他の闘技場と同様、剣闘士の戦いや猛獣の戦い、そして競技場など、見世物を行う場所として使われた。

海に近いので、船で外国から動物が運ばれてくると、荷揚げされてすぐにここへ連れてこられた。見世物が行われたアレーナ（闘技が行われるところ）の下には地下室があった。地下室には、剣闘士の休憩室やお祈りする場所、猛獣の檻があった。猛獣は滑車を使った貨物用のエレベーターで檻ごと引き上げていた。エレベーターは剣闘士や道具を上げるのにも使われた。

地下室の北側部分には、ネメシス女神を表すフレスコ画が発見された（考古学博物館にて保存）。

闘技場の大きさは、130メートル×102メートルで、15000人を収容できた。天井には日よけのためのテントが張られていた。

タラゴナの円形闘技場

２５９年1月21日、この闘技場内で、タラコ出身のキリスト教のフルクトゥオーソ司祭と２人の助祭が処刑された。当時はまだ、キリスト教が認められていなかったので、この時代のローマ帝国では、多くのキリスト教信者が処刑されている。

4世紀にキリスト教がローマ帝国の国教となってからは、円形闘技場はこれまでの役割を終え、石材を使って、ここで殉教した３人の信者のための霊廟が建てられた。

12世紀には西ゴート時代の教会の跡地に新たに教会が建てられたが、１９１５年に壊され、廃墟となって残っている。闘技場は、１５７６年から１７８０年まで修道院として使われたが、その後は牢獄として使われた。その後はしばらく放置されていたが、20世紀の半ばから劇場として修復された。

タラゴナには、他に紀元前1世紀末のアウグストゥス帝時代に建てられたローマ劇場もある。２世紀末まで使われたが、３世紀に近くで火災があり、周辺の建物の再建のために劇場の石が用いられた。

（ラス・ファレラス水道橋）

タラゴナの町から4キロほどのところには、ローマ時代に造られた水道橋がある。タラゴナ観光が含まれていないツアーでも、バルセロナからバレンシアへ行くとき、高速道路を走るバスの車窓から見える。時間があれば写真ストップすることもある。

別名「悪魔の橋（Pont del Diable）」と呼ばれる水道橋は、紀元前1世紀のアウグストゥス帝時代に建設されたといわれる（諸説あり）。

タラゴナの北15キロにあるフランコリ川からタラゴナ（タラコ）まで水を供給するために造られた。

石造りの2層式アーチの水道橋で、全長217メートル、高さが最高27メートル。上は25のアーチ、下側は11のアーチで支えられている。

それぞれの柱の太さは1・8メートルある。

水道橋の上を北から南へと水が流れ、その高低差は40センチ、0・2パーセントの傾斜である。

スペインに現存する水道橋では、セゴビアに次ぐ規模である。

バレンシア

バレンシア（Valencia）は、バレンシア州の州都で、カタルーニャ地方ではない。人口は約80万、マドリード、バルセロナに次いで多い。

バルセロナからグラナダまでバスで移動するツアーでは、途中、バレンシアで1泊することが多いが、バレンシアを観光することはほとんどない。バスでバレンシア州に入ると、バレンシア・オレンジとして名高いオレンジの畑が多くなる。

ただ、スペイン3大祭りの一つ「バレンシアの火祭り」が行われ、世界遺産も存在するので、少しだけ紹介しておきたい。

日本でスペイン料理といえば「パエーリャ」（paella）だが、バレンシアが発祥である。

ラス・ファレラス水道橋

バレンシアでは米の栽培が行われている。米の栽培はアジアからイスラム教徒によってもたらされた。バレンシア米は日本と同じジャポニカ米で、パエーリャも丸い粒の米が使われる。

発祥の地バレンシアの「パエーリャ・バレンシアーナ」は、主にウサギの肉（または鶏肉）が使われる。日本で人気のエビがのったパエーリャは、パエーリャ・デ・マリスコス（海の幸のパエーリャ）か、ミックス・パエーリャである。

一度ツアーで「バレンシア風パエーリャ」とパンフレットにうたっていたため、ウサギ肉のパエーリャが出たことがあった。食事の前にメニューを読み上げ、「ウサギ肉のパエーリャ」と言ったとたん、ツアーがシーンと静まり返った。味の評判は悪くなかったが、日本人のツアーではウサギ肉のパエーリャを出すことはまれである。

スペインでスーパーマーケットをのぞくと、ウサギ肉を見かけることもある。かつては、バルセロナの市場でも、毛皮の付いたままのウサギが上からぶら下がっていたが、こういった光景も時代と共に変わり、見られなくなった。

バレンシアの火祭り（ラス・ファーリャス：Las Fallas de San José）は3月に行われる。3月19日はキリストの養父聖ヨセフの日で、昔から大工の間で聖ヨセフの日に古い木材でたき火をするという習慣があり、張子の人形を投げ入れたところ、喝采を受けたのが祭りの始まりといわれている。

毎年、多くの張子人形が作られ、一か月間人気投票が行われる。優勝した人形だけが博物館に保存され、それ以外の人形は全部、最終日である3月19日の深夜に燃やされる。

バレンシアの中心には、「ラ・ロンハ・デ・ラ・セダ（la Lonja de la Seda）」という世界遺産がある。「ロンハ」とは、商品の取引所のことである。「セダ」は、シルクのこと。つまり、シルクの商品取引所として15世紀に建てられたゴシック様式の建物である。

ラ・ロンハの前には、大きな中央市場もある。

バレンシア州南部には、アリカンテを中心とするコスタ・ブランカ（白い海岸）と呼ばれるリゾート地があり、夏には多くの人がバカンスにやってくる。

バレンシア州ブニョル村（Buñol）で、8月末に行われるトマトの投げ合い合戦「トマティーナ」（La Tomatina）も有名である。

ラ・ロンハ・デ・ラ・セダ

《著者紹介》

武村陽子（たけむら・ようこ）

1966 年神戸市生まれ。

高校卒業後、会社員、児童英会話講師を経て、添乗員の仕事を始める。

スペイン語と英語の通訳案内士でもある。

最近訪れた外国は、スペイン、カナダ、イギリス、アイルランド、ドイツ、イタリア、オーストリア、フランス、スイス、ルクセンブルク、バルト３国（リトアニア、ラトビア、エストニア）、オーストラリア、香港、ポルトガルなど。

趣味は、街歩き、スクラブル、オペラ鑑賞など。

関西のスペイン、中南米の愛好家が集まる「イスパニッククラブ」代表。

毎月神戸のスペインレストランにて「スペイン語を話す会」開催。

主な著書、「プロの添乗員と行く　イタリア世界遺産と歴史の旅（増補改訂版）」「プロの添乗員と行く　ドイツ世界遺産と歴史の旅（改訂版）」「プロの添乗員と行く　クロアチア・スロベニア世界遺産と歴史の旅」「プロの添乗員と行く　中欧世界遺産と歴史の旅」「プロの添乗員と行く　オランダ　ベルギー　ルクセンブルク世界遺産と歴史の旅」「プロの添乗員と行く　フランス世界遺産と歴史の旅」（同シリーズ全て彩図社）
「歴史を旅する　イタリアの世界遺産」（山川出版社）

プロの添乗員と行く
スペイン世界遺産と歴史の旅　増補改訂版

2019 年 11 月 1 日　初版 1 刷発行

著　者　武村陽子
発行者　山田有司
発行所　株式会社　彩図社
〒 170-0005 東京都豊島区南大塚 3-24-4
電話 03-5985-8213　FAX 03-5985-8224
https://www.saiz.co.jp
https://twitter.com/saiz_sha
印刷所　シナノ印刷株式会社

Printed in Japan.　ISBN978-4-8013-0406-2